BestMasters

Mit **„BestMasters“** zeichnet Springer die besten Masterarbeiten aus, die an renommierten Hochschulen in Deutschland, Österreich und der Schweiz entstanden sind. Die mit Höchstnote ausgezeichneten Arbeiten wurden durch Gutachter zur Veröffentlichung empfohlen und behandeln aktuelle Themen aus unterschiedlichen Fachgebieten der Naturwissenschaften, Psychologie, Technik und Wirtschaftswissenschaften. Die Reihe wendet sich an Praktiker und Wissenschaftler gleichermaßen und soll insbesondere auch Nachwuchswissenschaftlern Orientierung geben.

Springer awards **“BestMasters”** to the best master’s theses which have been completed at renowned Universities in Germany, Austria, and Switzerland. The studies received highest marks and were recommended for publication by supervisors. They address current issues from various fields of research in natural sciences, psychology, technology, and economics. The series addresses practitioners as well as scientists and, in particular, offers guidance for early stage researchers.

Deniz Ay

Fremde Macht

Kriminologische Analyse und Kriminalitätstheorie zu nachrichtendienstlicher Devianz durch hoheitliche Entitäten als Manifestation machtpolitischer Interessen

Springer VS

Deniz Ay
Juristische Fakultät
Ruhr-Universität Bochum
Bochum, Deutschland

Diese Abhandlung wurde 2024 von der Juristischen Fakultät der Ruhr-Universität Bochum als Masterarbeit angenommen.

ISSN 2625-3577 ISSN 2625-3615 (electronic)
BestMasters
ISBN 978-3-658-46407-3 ISBN 978-3-658-46408-0 (eBook)
https://doi.org/10.1007/978-3-658-46408-0

Die Deutsche Nationalbibliothek verzeichnet diese Publikation in der Deutschen Nationalbibliografie; detaillierte bibliografische Daten sind im Internet über https://portal.dnb.de abrufbar.

Springer VS ist ein Imprint der eingetragenen Gesellschaft Springer Fachmedien Wiesbaden GmbH und ist ein Teil von Springer Nature.
Die Anschrift der Gesellschaft ist: Abraham-Lincoln-Str. 46, 65189 Wiesbaden, Germany

Vorwort

Diese Arbeit bietet eine Einführung in die Thematik der nachrichtendienstlichen Devianz durch Emissärinnen und Emissäre, welche aufgrund ihrer Prävalenz für die kriminologische Forschung von hohem Interesse ist. Die Notwendigkeit der Auseinandersetzung ergibt sich aus der bestehenden Forschungslücke bezüglich dieses spezifischen Phänomens, obgleich sich u. a. zahlreiche relevante Ableitungen aus dem kriminologischen Teilbereich der „Kriminalität der Mächtigen" ergeben. Das Ziel dieser Arbeit ist es, durch eine umfassende Literaturanalyse und der Auswertung von Behördenangaben einen tieferen Einblick in den Bereich der Devianz durch hoheitliche (und hoheitlich beauftragte) Entitäten zu gewinnen und eine Kriminalitätstheorie zu entwickeln, welche dieses ubiquitäre Phänomen erklärlich gestaltet. Die gewonnenen Erkenntnisse legen nahe, dass die Dunkelziffer geheimdienstlicher Agententätigkeiten um ein Hundertfaches höher sein könnte als die Zahl der registrierten Fälle. Dieser Deliktsform liegen teilweise sehr unterschiedliche Motivationen zugrunde, weshalb sie von einer großen Varietät von Tatbegehenden verübt wird. Die hier konzeptionierte *Adversarial Requisition and Access Theory* geht von einer Metamotivation aus, die jede Form der nachrichtendienstlichen Devianz für eine fremde Macht und zum Nachteil der eigenen Nation erklärt.

This work provides an introduction to the topic of intelligence-related deviance by emissaries, which is of high interest for criminological research due to its prevalence. The necessity for examination arises from the existing research gap regarding this specific phenomenon, although numerous relevant derivations stem from the criminological subfield of "crimes of the powerful". The aim of this work is to gain a deeper insight into the realm of deviance by state (and state-commissioned) entities and to develop a theory of crime that elucidates this ubiquitous phenomenon through comprehensive literature analysis and the evaluation of government data. The findings suggest that the estimated number of undetected crime relating to intelligence-based deviance by emissaries could be a hundredfold higher than the number of registered cases. This type of offense is motivated by a variety of motivations, leading to a wide range of kinds of perpetrators. The general concept proposed here, the Adversarial Requisition and Access Theory, posits a metamotivation underlying all forms of emissary deviance, serving a foreign power to the detriment of one's own nation.

Deniz Ay

Inhaltsverzeichnis

1 Einführung 1
1.1 Die Soziologie und Politik von Geheimnissen 2
1.2 Relevanz des Phänomens für die Kriminologie 3
1.3 Lex emissarius? Die Gewöhnlichkeit sicherheitsgefährdender und geheimdienstlicher Tätigkeiten 7
1.4 Untersuchungsziel und Fragestellung 8

2 Stand der Forschung, Annahmen und Methodik 11
2.1 Forschungsstand und phänomenologische Eingrenzung 11
2.2 Forschungsleitende Annahmen und Methodik 13

3 Begriffe aus der Phänomenologie 15
3.1 Spionage und Spionageabwehr 15
3.2 Geheimdienstliche Agententätigkeit und die Unterscheidung zwischen Agent/innen und Spion/innen in Deutschland 18
3.3 Unterscheidung zwischen Geheimdienst und Nachrichtendienst 21

4 Die Gefahr geheimdienstlicher Tätigkeiten 23
4.1 Gefahrenbegriff und die Verhältnismäßigkeit staatlichen Handelns 24
4.1.1 Das Gefahrenvorfeld und seine Gefahrenkategorien 25
4.1.2 Verhältnismäßigkeitsprinzip 28
4.1.3 Codierung von Gefahren im Straf- und Spezialrecht 29

4.2 Die Ubiquität emissarischer Devianz 33
4.3 Sonderfall Romeomethode 40
4.4 Emissarische Kriminalität in Deutschland seit 1967 42
4.4.1 Deliktspezifisches Dunkelfeld 44
4.4.2 Viktimisierungsangst in Deutschland 46
4.5 Legitimität und Legalität emissarischer Devianz laut Völkerrecht 47
4.5.1 Indifferenz des Völkerrechts 48
4.5.2 Exkurs: Auswirkungen des Völker- und Bundesrechts auf die Gegenspionage des BND im Ausland 50
4.5.3 Zusammenfassung 51

5 Zwischenfazit 53

6 Kriminologische Eigenschaften emissarischer Devianz 55
6.1 Kriminalität der Mächtigen 56
6.1.1 Berufskriminalität 58
6.1.2 Körperschaftskriminalität 58
6.1.3 Wirtschaftskriminalität 59
6.1.4 Staatenkriminalität 61
6.1.5 Auftragskriminalität 62
6.1.6 Staatsterrorismus 63
6.2 Psychologie 64
6.2.1 Grund- und Sonderbedingungen nach Wilder 2017 65
6.2.2 „M.I.C.E."-Ansatz nach Levchenko 1988 66
6.2.3 *„Five-Factor-Approach"* nach Danesy 2022 68
6.2.4 Verratskomplex und Korpsgeist von Staatsbediensteten 69
6.2.5 Relevante Nebenerkenntnisse 71

7 Sachverhaltsanalyse 73
7.1 Fall ANSCHLAG 73
7.2 Implikationen der Makroebene 74
7.3 Implikationen der Mesoebene 75
7.4 Implikationen der Mikroebene 76

8 Adversarial Requisition and Access Theory 79
8.1 Unzulänglichkeit bestehender Erklärungsansätze 79
8.1.1 Sozialstrukturelle Erklärungen 80
8.1.2 Sozialisation im sozialen Nahbereich 81

8.1.3 Kontrolltheorien ... 83
8.1.4 Spectrum-Based Theory of Enterprise ... 85
8.1.5 Theorie über rationale Wahlentscheidungen ... 85
8.1.6 Routineaktivität-Theorie ... 86
8.2 Determinanten emissarischer Devianz ... 87
8.3 Staaten und ihre Gesandten: ein Bedarfslagen-Ansatz ... 89

9 Fazit und Diskussion ... 97

Literaturverzeichnis ... 107

Abkürzungsverzeichnis

ARA-Theory	Adversarial Requisition and Access Theory
BAMAD	Bundesamt für den Militärischen Abschirmdienst
BayObLG	Bayerische Oberste Landesgericht
BayPAG	Gesetz über die Aufgaben und Befugnisse der Bayerischen Polizei
BBG	Bundesbeamtengesetz
BfV	Bundesamt für Verfassungsschutz
BGBI	Bundesgesetzblatt, Teil I
BGBII	Bundesgesetzblatt, Teil II
BKA	Bundeskriminalamt
BKAG	Gesetz über das Bundeskriminalamt und die Zusammenarbeit des Bundes und der Länder in kriminalpolizeilichen Angelegenheiten
BMI	Bundesministerium des Innern und für Heimat
BND	Bundesnachrichtendienst
BNDG	Gesetz über den Bundesnachrichtendienst
BRD	Bundesrepublik Deutschland
BT-Drs.	Bundestagsdrucksache
BVerfG	Bundesverfassungsgericht
BVerfGE	Entscheidung des Bundesverfassungsgerichts
BVerfSchG	Bundesverfassungsschutzesgesetz (Gesetz über die Zusammenarbeit des Bundes und der Länder in Angelegenheiten des Verfassungsschutzes und über das Bundesamt für Verfassungsschutz)

CIA	Central Intelligence Agency
DDR	Deutsche Demokratische Republik
fdGO	freiheitliche demokratische Grundordnung
GBA	Generalbundesanwalt beim Bundesgerichtshof
Gestapo	Geheime Staatspolizei
GG	Grundgesetz
IGH	Internationaler Gerichtshof
KGB	Komitet Gossudarstwennoj Besopasnosti
KPMD-PMK	Kriminalpolizeilicher Meldedienst Politisch motivierte Kriminalität
LfV	Landesamt für Verfassungsschutz
M.I.C.E.	Money, Ideology, Compromise/Coercion, Ego (Geld, Ideologie, Zwang, Selbstwertgefühl)
MADG	Gesetz über den militärischen Abschirmdienst
MfS	Ministerium für Staatssicherheit
NATO	North Atlantic Treaty Organization
NJW	Neue Juristische Wochenschrift
NPOG	Niedersächsisches Polizei- und Ordnungsgesetz
NSA	National Security Agency
o. D.	ohne Datum
o. O.	ohne Ort
PKS	Polizeiliche Kriminalstatistik
RAF	Rote Armee Fraktion
SNG	Staatsschutz- und Nachrichtendienst-Gesetz (Österreich)
StGB	Strafgesetzbuch
StPO	Strafprozessordnung
StrÄndG	Strafrechtsänderungsgesetz
SWR	Sluschba Wneschnei Raswedki
UN	United Nations (Vereinte Nationen)
USA	United States of America (Vereinigte Staaten von Amerika)
U. S. Code	Code of Laws of the United States of America (Gesetzbuch der Vereinigten Staaten von Amerika)
V-Person	Vertrauensperson
WD	Wissenschaftlicher Dienst des Deutschen Bundestages
WÜD	Wiener Übereinkommen über diplomatische Beziehungen
ZJS	Zeitschrift für das Juristische Studium

Abbildungsverzeichnis

Abbildung 4.1 Gefahrenzeitstrahl (Zusammenführung der Gefahrenkategorien von Nachrichtendiensten und Polizei) ... 26
Abbildung 4.2 Rahmenfaktoren der Spionageaktivitäten (in Prozent) ... 38
Abbildung 4.3 Primäre Motivation für Spionage (singuläres Motiv, in Prozent) ... 39
Abbildung 4.4 Motivationen für das Tätigwerden als Agentin eines Romeoagenten (inkl. Mehrfachangaben, in absoluten Zahlen) ... 42
Abbildung 4.5 Staatliche Interventionen im Zusammenhang mit Agententätigkeiten zwischen den Jahren 1967–2023 (in absoluten Zahlen) ... 43
Abbildung 8.1 Identitätsgruppen tatbegehender Emissärinnen und Emissäre („Agentenring") aus bundesdeutscher Sicht ... 80
Abbildung 8.2 Kontrollbalance (inkl. des Faktors der staatlichen Binnensicht) ... 84
Abbildung 8.3 Existenz einer vorgelagerten (Meta-)Motivation (in Form der primären und sekundären Bedarfsbefriedigung) im Kontext emissarischer Devianz ... 92
Abbildung 8.4 Korrelation zwischen Tatmethode und Entdeckungswahrscheinlichkeit im Kontext emissarischer Devianz ... 93
Abbildung 8.5 Kategorisierung der Tatbegehendenidentitäten ... 95

Tabellenverzeichnis

Tabelle 4.1 Straftatbestände im Kontext von Spionage, Sabotage und Einflussnahme gemäß StGB ... 31

Tabelle 4.2 Erkenntnisse über Spionierende zwischen 1988–2002 (in Prozent) ... 35

Tabelle 8.1 Erklärungsumfang der ARA-Theorie ... 89

Einführung 1

„*In the intelligence business, we would say that Mr. Putin had recruited Mr. Trump as an unwitting agent of the Russian Federation*" (Morell 2016).[1] In dieser Weise erklärte ein früherer kommissarischer Direktor des US-amerikanischen Auslandsnachrichtendienstes Central Intelligence Agency (CIA) in einem Meinungsbeitrag sein Misstrauen gegenüber dem damaligen US-Präsidentschaftskandidaten Donald Trump und gab seine Wahlempfehlung für dessen Herausforderin Hillary Clinton ab. Der bis dato politisch neutrale, ehemalige Behördenleiter Morell rechtfertigte seine Parteiergreifung mit der Befürchtung, dass Trumps empfundene Neigung zur Selbstüberhöhung und seine Missachtung geltenden Rechts durch den strategischen Gegner der USA zu diesem Zeitpunkt bereits aktiv als Schwachstelle ausgenutzt werden konnten (vgl. Morell 2016). Trump, so die Kritik des hohen Beamten, habe Unterstützungshandlungen der Russischen Föderation bereitwillig angenommen und diese – wie sich später herausstellen sollte, mutmaßlich erfolgreich – dazu eingeladen, Ausspähungsbemühungen gegen seine politische Gegnerin Clinton und die IT-Infrastruktur ihres Wahlkampfpersonals anzustrengen (vgl. Morell 2016; vgl. Hendry 2018). Zwar kamen von politischen Beobachterinnen und Beobachtern[2] Vorwürfe wie der des Landesverrats gegen Trump auf, jedoch wurde das konkrete Verhalten des späteren US-Präsidenten, ebenso wie jenes der mutmaßlichen russischen Hacker, nie strafrechtlich sanktioniert (vgl. Toosi/Kim 2016).

---

[1] Um Schriftbild und Lesefluss der Ausarbeitung nicht negativ zu beeinträchtigen, wird für kontextualisierende Hinweise von der Kardinalsregel der Harvard-Zitiertechnik abgewichen.

[2] In der vorliegenden Ausarbeitung werden Geschlechter (in vollständigen Sätzen) in Paarform oder durch neutrale Formulierungen besprochen. Ausnahmen ergeben sich durch Bezugnahmen auf Einzelpersonen, die Verwendung der englischen Sprache, direkte Zitate oder feststehende Begriffe (nachfolgend vor allem „Agententätigkeit").

D. Ay, *Fremde Macht*, BestMasters, https://doi.org/10.1007/978-3-658-46408-0_1

1.1 Die Soziologie und Politik von Geheimnissen

Das vorliegende Forschungsunterfangen behandelt staatliche Interessen, die legalen und illegalen Mittel zu deren Durchsetzung und die mit der Umsetzung beauftragten Entitäten auf allen soziologischen Ebenen. Dass dabei regelmäßig geheime Belange und Informationen betroffen sind, ist eine Selbstverständlichkeit. Das Hegen von Geheimnissen und das Bestreben Dritter, diese aufzuklären, sind Ausdruck menschlicher Intuition. Als Beispiel eignet sich die Entwicklung von Krypto-Kommunikation bereits im Kindesalter, deren objektiver, wenngleich nicht intendierter Zweck es sein kann, Regeln von Autoritätspersonen, wie z. B. Erziehungsberechtigten, zu umgehen (vgl. Frick 2013). Das „*Verbergen von Wirklichkeiten*" (Simmel 1908: 357) und das damit einhergehende Potential der Monopolisierung von Wissen bedeutet für die Unwissenden eine objektive Schlechterstellung. Der „*stark betonte Ausschluß aller Draußenstehenden*" verleiht den Trägerinnen und Trägern von Exklusivwissen „*ein entsprechend stark betontes Eigentumsgefühl*" (Simmel 1908: 359; vgl. auch Nedelmann 1985: 39 f.). Die Chronologie der Aufdeckung eines Geheimnisses ist im Grundsatz in vier Schritten darzustellen: eine Partei, bestehend aus einer oder mehreren Einheiten, besitzt Wissen (Schritt 1), welches es vor anderen Parteien zu verbergen gilt (Schritt 2). Letztere versuchen, dieses Wissen zu enthüllen (Schritt 3) und scheitern bzw. reüssieren mit diesem Bestreben (Schritt 4) (ähnlich Nedelmann 1985: 40 f.). Dabei unterliegt die exkludierte Partei (berechtigter- oder unberechtigter Weise) dem Anschein, dass die vor ihr geheim gehaltene Information von wesentlichem Wert für sie sein muss (vgl. Simmel 1908: 360). Diese (regelmäßig unpräzise) Wertzurechnung kann es sein, die den Anstoß zu Enthüllungsbestrebungen gibt (vgl. Simmel 1908: 360). Es ist dieses simple menschliche Prinzip, auf dem Agententätigkeiten basieren. Die älteste Dokumentation von Spionage stammt ungefähr aus dem Jahre 1275 v. Chr. Im Kontext der Schlacht bei Kadesch versuchten zwei übergelaufene Spione im Auftrag der Hethiterarmee den Pharao Ramses II. in eine tödliche Falle zu locken – und scheiterten (vgl. Reitz 2006: 7 ff.; vgl. Clayton 1994: 150). An diesem frühen Beispiel wird deutlich, welchen Wert ein Geheimnis – hier: Informationen über den Anschlag auf das Leben eines Machthabers – tatsächlich erlangen kann.

Es gibt unterschiedliche Motivationen für Machthabende, Nachrichtendienste zu unterhalten. Seien es militärische Operationen, wie die oben beschriebene, der Machterhalt und die Sicherheit von Regierenden (vgl. Krieger 2003: 77), oder ein Systemkampf, der über die Staatlichkeit entscheidet, wie im Konflikt zwischen der demokratischen Bundesrepublik Deutschland (BRD) und der diktatorischen ehemaligen Deutschen Demokratischen Republik (DDR). Eines der

Leitmotive ist dabei in jedem Fall die Unterbindung von Interferenz durch andere Nachrichtendienste, in Form der Spionageabwehr (vgl. BfV, o. D.-a). Um die Durchsetzung der Rechtsordnung auch und vor allem gegenüber Agentinnen und Agenten der DDR ausüben zu können, änderte die damalige Bundesregierung das Recht. Mit der Neufassung der Staatsschutzvorschriften von 1968 durch das Achte Strafrechtsänderungsgesetz (8. StrÄndG) wurde das Tatbestandsmerkmal **fremde Regierung** in für Staatsschutzbelange relevanten Paragraphen wie § 99 StGB (Landesverrat, heute § 94), durch **fremde Macht** ersetzt (vgl. BGBI 43/ 1968). So konnte die Strafverfolgung von DDR-Spionage in der BRD sichergestellt werden, ohne das DDR-Regime im Nebeneffekt als eine zweite deutsche Regierungen zu legitimieren (vgl. Warg 2023: 62 f.). In der Begründung zum Gesetzesentwurf des damaligen Kabinetts Erhard II heißt es:

> *„Der Begriff der fremden Macht ist zu verstehen im Sinne von mit öffentlicher Macht ausgestatteten Einrichtungen auf höchster Ebene, mit Ausnahme solcher Einrichtungen, die ihre Machtfülle allein von der staatlichen Macht der Bundesrepublik Deutschland herleiten. Gedacht ist in erster Linie an ausländische Regierungen, aber auch an Einrichtungen, deren Charakter als Regierung mangels Anerkennung ihrer staatlichen Qualifikation zweifelhaft sein könnte.*“ (BT-Drs. V/898: 38)

Aus der Begründung zum 8. StrÄndG ist aus kriminologischer Sicht zweierlei herauszulesen. Erstens sind staatliche oder staatlich beauftragte Agententätigkeiten hoheitliche Unterfangen, welche mit öffentlicher Macht korrespondieren. Zweitens kommt den Machthaberinnen und Machthabern außerhalb der BRD, als repräsentativen Persönlichkeiten etwaiger fremder Mächte, im Falle illegaler Aktivitäten zumindest die Rolle als beauftragende Entität zu. Zu diesen Schlüssen kam 1993 auch das Bayerische Oberste Landesgericht (BayObLG), das in Spionageaktivitäten der DDR eine „*Hoheitsgewalt*“ (NJW 1993, 3147: 3150) und für die mit der Umsetzung der Spionage beauftragten Personen ein „*Dienst- oder Auftragsverhältnis zur fremden Macht*“ (NJW 1993, 3147: Rn. 35) erkannte.

Die unter diesem Kapitel getroffenen Festlegungen verdeutlichen die tiefe Menschlichkeit von Geheimniswahrung und -enthüllung, aber auch deren hohen politischen Stellenwert für hoheitliche Entitäten.

1.2 Relevanz des Phänomens für die Kriminologie

Kriminologie ist die Lehre vom Verbrechen. Kriminalität kann zwar isoliert durch verschiedene wissenschaftliche Disziplinen, beispielsweise Soziologie, Psychologie oder Strafrechtswissenschaft, einer Bewertung unterzogen werden (vgl.

Singelnstein/Kunz 2021: 28), jedoch eröffnet der Zugriff auf all diese und viele weitere Bezugsdisziplinen der Kriminologie eine ganzheitliche Betrachtungsmöglichkeit – ohne jede Beschränkung auf beispielsweise rein biologische und soziologische Faktoren (vgl. Singelnstein/Kunz 2021: 181). Die Wissenschaft setzt sich nicht nur mit den kriminellen (oder als solche interpretierten) Handlungen und Personen auseinander, sondern auch mit der Analyse von gesellschaftlichem Verständnis und Dynamiken (vgl. Singelnstein/Kunz 2021: 20), die mit staatlichen Reaktionen auf selbiges Verhalten nicht übereinstimmen müssen. Fundamental lässt sich die kriminologische Forschung in drei Gegenstände untergliedern: erstens die ausführenden oder die der Ausführung einer kriminellen Handlung beschuldigten Personen, zweitens die gesellschaftliche bzw. staatliche Deutungshoheit über ebenjene Verhaltensweisen sowie drittens *„die gewählten Reaktionsweisen auf dieses Verhalten, ihren Zusammenhang mit Verunsicherungsgefühlen und Punitivitätserwartungen und die gesellschaftliche Sinnbestimmung von Reaktionen auf Kriminalität*" (Singelnstein/Kunz 2021: 31). Der zur Einführung dargelegte Sachverhalt aus den USA ist für eine kriminologische Untersuchung ebenso auf drei Ebenen bedeutsam, welche im Folgenden dargestellt werden.

Zunächst fällt Morells Wortwahl bei der Charakterisierung Trumps auf. Die Bezeichnung *unwitting agent* impliziert, dass man sowohl unbewusst als auch bewusst für eine fremde Macht oder in deren Sinne tätig sein kann. Auf der **ersten Ebene** geht es daher typischerweise um die tätigen Akteurinnen und Akteure auf der auftraggebenden und -nehmenden Seite sowie die für sie handlungsleitenden Faktoren. Dafür kommen nicht nur natürliche, sondern insbesondere auch juristische Personen, wie z. B. Staaten, deren Einrichtungen sowie Repräsentantinnen und Repräsentanten, in Betracht.

Die **zweite Ebene** beinhaltet die Auseinandersetzung der Zivilgesellschaft mit diesem devianten Verhalten. Von einem gesellschaftlichen Umgang in Form sozialer Kontrolle kann schwerlich ausgegangen werden, da sich nachrichtendienstliche Aktivitäten u. a. dadurch auszeichnen, dass sie sich der öffentlichen, medialen und akademischen Wahrnehmung entziehen. Es ist naheliegend, dass (strafbare) Handlungen für eine fremde Macht, die den Handelnden unter Umständen selbst nicht als solche bewusst sind, auch potenziellen Beobachterinnen und Beobachtern nicht als solche auffallen. Da die *„individuellen Einstellungen zu Kriminalität […] auf diskursiv geprägten Wahrnehmungen von diesem Phänomen*" (Singelnstein/Kunz 2021: 429) basieren, also neben Gefühlen und Überzeugungen auch stark von Wissen oder eben Kenntnisnahme abhängen (vgl. Singelnstein/Kunz 2021), wird der Diskurs über die Kriminalitätseinschätzung für das hier besprochene Phänomen erschwert. Zudem setzt der Wille, Deutungshoheit auszuüben, eine gewisse Diskursfähigkeit voraus (vgl. Batzel 2018: 13 f.). Bereits die für die Materie fundamental relevanten Begriffe werden regelmäßig verwechselt oder (fälschlicherweise) synonym verwendet. Exemplarisch hierfür stehen die Begriffe der Agentin bzw. des Agenten und der Spionin bzw. des Spions. Das Bundesamt für Verfassungsschutz (BfV), der für die Spionageabwehr zuständige Inlandsnachrichtendienst Deutschlands, versteht unter dem ersten Begriff eine *„Person, die […] für einen [aus deutscher Sicht] fremden Nachrichtendienst tätig ist und in dessen Auftrag nachrichtendienstliche Tätigkeiten ausübt“* (BfV, o. D.-b). Auch das Strafgesetzbuch (StGB) charakterisiert eine Agentin bzw. einen Agenten als Person, die *„für eine fremde Macht“* (§ 98) bzw. *„für den Geheimdienst einer fremden Macht“* (§ 99) tätig ist. Diesem offiziellen Verständnis steht oft eine umgangssprachliche bis diffamatorische Verwendung des Wortgebrauch gegenüber. Der Journalist und Jurist Ronen Steinke veröffentlichte 2023 ein kritisches Buch über den Verfassungsschutz und Argumente für dessen Abschaffung, in dem er dessen Mitarbeitende bereits im Klappentext sachlich inkorrekt als *„Agentinnen und Agenten“* und synonym als *„Inlandsspione“* (Steinke 2023) bezeichnet. Der Begriff der Spionage wird in Deutschland – aus einer staatlichen Binnensicht heraus – in dieser Deutungsform, also für die Bezeichnung inländischer Staatsbediensteter, nicht verwendet. Denn dort wird unter Spionage das *„Erkunden von [Informationen und] Potenzialen eines anderen* [Hervorhebung des Autors] *Staates mit verdeckten Mitteln“* (BfV, o. D.-c) verstanden. Die pauschale Bezeichnung nachrichtendienstlichen Personals in Deutschland als Spionin bzw. Spion ist, unabhängig von jeder Semantik, aber in jedem Fall unpräzise. Denn zumindest für Mitarbeitende der Spionageabwehr, die wörtlich und faktisch das Gegenkonzept zur Spionage ist, schließt sich diese Charakterisierung kategorisch aus. Gleichwohl kann eine gesellschaftliche Debatte über das Phänomen in einer Demokratie ohne abschließendes Fachwissen über die Materie oder juristisch korrekte Sprache stattfinden (vgl. Batzel 2018: 13 f.), wie Steinkes Diskursbeitrag zum Exekutivstaat beispielhaft belegt. Dennoch (oder gerade deswegen) ist es die Aufgabe der Kriminologie und Gegenstand der Auseinandersetzung mit der hier beschriebenen zweiten Ebene im Rahmen der kriminologischen Analyse, das notwendige fachliche Fundament für den Diskurs zu bereiten.

Auf der **dritten Ebene** geht es um die Reaktionsweisen und Grenzen des deutschen Rechtsstaates auf die Interferenz fremder Mächte auf dem eigenen Staatsgebiet bzw. mit Deutschen oder gegen Deutsche außerhalb desselben. Die von Morell verwendete und im Deutschen gleichlautende Bezeichnung *agent* wird allgemein mit geheimdienstlichen Tätigkeiten von oder für fremde Mächte verbunden, welche in Deutschland strafrechtliche Sanktionen nach sich ziehen können. Nach dem reinen Wortsinn fallen darunter u. a. Straftatbestände wie §§ 87 (Agententätigkeit zu Sabotagezwecken), 98 (Landesverräterische Agententätigkeit) und 99 (Geheimdienstliche Agententätigkeit) StGB. Je nach Tatvorgang können auch Rechtsnormen verletzt werden, die von jedermann, nicht etwa nur von einer Agentin oder einem Agenten, verletzt werden können. Im Falle der Lauschangriffe auf Bundeskanzlerin Angela Merkel durch die USA (vgl. Schmid 2014) fielen darunter u. a. §§ 202b (Abfangen von Daten), 202a (Ausspähen von Daten) und 201 (Verletzung der Vertraulichkeit des Wortes) StGB (vgl. BT-Drs. 17/14560: 25 f.). Der nachrichtendienstliche Auftrag der Russischen Föderation zur Exekution von Selimchan Changoschwili wurde als sogenannter Tiergartenmord bekannt und als ebensolcher Mord nach § 211 StGB verurteilt (vgl. von Salzen 2021).

Dass nicht alle illegalen geheimdienstlichen Tätigkeiten strafrechtlich verfolgt werden können hat mehrere Ursachen. Wie jedes Kriminalitätsphänomenen hat auch dieses ein deliktspezifisches Dunkelfeld (vgl. Abschnitt 4.4.1). Ein Grund dafür ist, dass die Täterinnen und Täter oftmals politische Immunität genießen, z. B. wenn sie als Diplomatinnen und Diplomaten eines anderen Staates akkreditiert sind. Als Beleg hierfür gilt die Ausweisung von 400 russischen Angehörigen sogenannter Legalresidenturen (z. B. Botschaften) der Russischen Föderation aus der Bundesrepublik im April 2022, von denen seinerzeit 40 als Angehörige von Nachrichtendiensten betitelt wurden (vgl. BfV 2023a: 280 f.). Anders als im vorgenannten Fall dürften die (Gegen-)Aktivitäten im Bereich der Agententätigkeit medial zumeist nicht bekannt werden. Außerdem steht oft nicht fest, ob und gegen wen überhaupt ermittelt werden kann. Im Falle des erwähnten Lauschangriffs der USA wurde gegen *„unbekannte Mitarbeiter US-amerikanischer Nachrichtendienste“* (Range 2014) ermittelt, in dem des russischen Auftragsmordes stellte das zuständige Kammergericht Berlin fest, dass *„die Tat im Auftrag und als Mitglied des staatlichen Sicherheitsapparates der Russischen Föderation“* (KG Berlin BeckRS 2021, 47025: Rn. 198) begangen wurde, die Auftraggebenden aber nicht zu ermitteln seien.

Ein zentraler, gar inhärenter Faktor der diskutierten Gesamtmaterie ist das Element der Macht. In der kriminologischen Wissenschaft existiert nicht umsonst die Kategorie der Kriminalität der Mächtigen, auf welche im Abschnitt 6.1 im Detail eingegangen wird. Die Macht, die im Kontext der hier behandelten Erscheinungsform gemeint ist, bezieht sich auf *„solche Personen [...], die eine über die jedermann zugänglichen Einflussmöglichkeiten hinausgehende Machtposition innehaben, indem sie etwa ein System pervertieren und ihrem Willen unterwerfen“* (Kaiser 1997: 198). Insofern kann die hier diskutierte Erscheinungsform von Devianz als eine von vielen Formen der Kriminalität der Mächtigen verstanden werden – als klandestin erscheinende, staatlich oktroyierte und organisierte Repression. Da diese zumeist durch Gesandte – besagte Agentinnen und Agenten – ausgeführt wird, geht die vorliegende Untersuchung von einer gesondert zu erörternden Erscheinungsform aus.

1.3 Lex emissarius? Die Gewöhnlichkeit sicherheitsgefährdender und geheimdienstlicher Tätigkeiten

Der Begriff der Emissärin bzw. des Emissärs findet im Deutschen selten Verwendung. Er beschreibt eine Abgesandte oder einen Abgesandten *„mit bestimmtem [geheimem] Auftrag; Agent"* (Duden 2019: 522). In der englischen Sprache wird die Bedeutung der *emissaries* für die Staatspolitik noch deutlicher hervorgehoben: *„an agent or messenger sent on a mission [by] a government or head of state; an agent sent on a secret mission"* (Collins 2007: 537). Grundsätzlich geht das deutsche Recht davon aus, dass die Aktivitäten von Emissärinnen und Emissären in offiziellem Auftrag ihrer Staaten auf legaler Basis erfolgen. Das im Dezember 1964 in Kraft getretene (vgl. BGBII 7/1965) Wiener Übereinkommen über diplomatische Beziehungen (WÜD) geht in der Präambel von der *„souveräne[n] Gleichheit der Staaten"* und der *„Entwicklung freundschaftlicher Beziehungen"* aus – und garantiert auf Basis dieser normativen Erwartungshaltung im Art. 29 die Immunität von Diplomatinnen und Diplomaten. Eine singuläre Sanktionsmöglichkeit stellt Art. 9 Abs. 1 WÜD dar, laut dem ein Empfangsstaat ausländisches diplomatisches Personal zu unerwünschten Personen erklären kann. Während das legale Handeln Gesandter (und die einzig mögliche Konsequenz für diese) durch die Ratifizierung des WÜD also spezialgesetzlich geregelt ist, trifft das auf illegale Aktivitäten nicht zu. Wie oben erwähnt, findet für ordinäre (z. B. Ausspähen von Daten) und phänomenologisch spezielle (z. B. Landesverrat) Kriminalitätserscheinungen gleichermaßen lediglich das Strafgesetzbuch Anwendung. Ein Spezialgesetz für Gesandte, ein lex emissarius, existiert in Deutschland nicht.

Anders verhält sich dies beispielsweise in den USA. Der *Espionage Act* dient u. a. der Durchsetzung der Strafgesetze zur gezielten Bestrafung von Agententätigkeiten. Mit dessen Regelungen ist es den dortigen Strafverfolgungsbehörden möglich, Strafvereitelung spezifisch im Hinblick auf die Beschaffung oder Weitergabe von Verteidigungsinformationen der USA zur Unterstützung einer ausländischen Regierung mit einer relativ hohen Freiheitsstrafe von bis zu zehn Jahren zu belangen (vgl. 18 U. S. Code § 792). Damit entfällt die Anwendung der allgemeineren Strafnormen im Kontext von Strafvereitelung (vgl. 18 U. S. Code Chapter 73), bei denen die Gefängnisstrafen, je nach Form der Strafvereitelung, mit bis zu sechs Monaten (vgl. 18 U. S. Code § 1504) deutlich milder ausfallen kann. Im Ergebnis ist also ein spezieller Ermessensspielraum für Straftaten im Zusammenhang mit dem Schutz nationaler Sicherheitsbelange geschaffen worden. Spezialgesetze wie der *Espionage Act* bieten damit die Möglichkeit, eine bestimmte Schwere der Schuld in spezifischen Fallkonstellationen festzulegen und die Delikte der Schwere angemessen zu bestrafen. Vergleichbares ist im deutschen Recht über den § 46 StGB (Grundsätze der Strafzumessung) möglich, bei der z. B. antisemitische oder sonstige menschenverachtende Beweggründe der tatbegehenden Seite für eine Straftat beim Urteilsspruch Berücksichtigung finden können. Eine sich auf die nationale Sicherheit beziehende Regelung findet sich im Allgemeinen Teil des StGB jedoch nicht.

In der Folge ist die Feststellung zu treffen, dass staatliche Akteurinnen und Akteure, die im Dienste einer fremden Macht bzw. eines fremden Nachrichtendienstes in Deutschland illegale Handlungen vollziehen, gewöhnliche Täterinnen und Täter darstellen, die juristisch betrachtet lediglich koinzident von einer fremden hoheitlichen Stelle ausgehen. Eine spezifische Würdigung erfährt dieser Umstand nicht; auch und insbesondere nicht auf der Rechtsfolgenseite für die Tatbegehenden.

1.4 Untersuchungsziel und Fragestellung

Gegenstand dieser Arbeit sind deviante Aktivitäten von Nachrichtendiensten, vorrangig in Form von Agententätigkeiten. Sie sind aus kriminologischer Sicht kaum ergründet. Es gelingt lediglich, mehr oder weniger signifikante Ableitungen aus Untersuchungsbereichen wie z. B. dem der Kriminalität der Mächtigen zu treffen. Eine Kriminalitätstheorie zu nachrichtendienstlich-deviantem Handeln von Staaten und ihren Gesandten existiert nicht. Viele Kriminalitätstheorien entstanden in Phasen, in denen korrespondierende Phänomene von besonderer Relevanz waren (vgl. Hermann 2018: 39) – wobei der Kalte Krieg im hier besprochenen Kontext keinen solchen Effekt hatte. Sie haben den grundsätzlichen Anspruch, allgemeine oder spezielle Erklärungsmodelle für deviantes Verhalten darzustellen (vgl. Singelnstein/Kunz 2021: 78 f.), beschränken sich in der Regel aber auf eine soziologische Ebene (vgl. Hermann 2018: 39). Auch aus diesem Grund kann keine Theorie alle notwendigen Bedingungen kriminellen Verhaltens abschließend definieren oder gar einen Anspruch auf definitorische Vollständigkeit stellen. Insofern sind Kriminalitätstheorien lediglich „*Fragmente einer universellen Erklärung der*

Kriminalitätsgenese“, also Teilerklärungen mit *„beschränkter Perspektive und Reichweite*“ (Singelnstein/Kunz 2021: 83 f.). Im Bereich nachrichtendienstlicher Aktivitäten zum Nachteil anderer Hoheitsmächte und damit zusammenhängenden (strafrechtlich relevanten) Verhaltensweisen existiert keine explizite Theorie, obwohl derlei Aktivitäten nach behördlichen Angaben zuzunehmen scheinen (vgl. Haldenwang 2020: 02:13:58). Es gilt zu klären, ob die kriminologische Forschung Kriminalitätstheorien hervorbringt, die staatlich verursachte oder beauftragte Devianz explizit zu erklären vermögen (vgl. Abschnitt 8.1). Das in dieser Arbeit zu begründende Konzept der emissarischen Devianz leitet sich aus vorhandenem kriminologischem Wissen ab, ist der Kriminologie als eigenständiges Konstrukt bislang jedoch fremd. Es soll in expliziter Form das Phänomen der Devianz von Gesandten fremder Mächte (Emissärinnen und Emissäre) erklären. Nur allzu selten befassen sich kriminologische Texte explizit mit nachrichtendienstlichen Tätigkeiten. Folgende Fragen sollen daher Gegenstand dieser Untersuchung sein:

1. Wird emissarische Devianz durch einen Teilbereich der kriminologischen Forschung bereits umfasst?
2. Auf welchen soziologischen Ebenen findet emissarische Devianz wie statt?
3. Sind bestehende Kriminalitätstheorien ausreichend, um das Phänomen der emissarischen Devianz zu erklären?
4. Welche Merkmale kennzeichnen emissarische Devianz in Abgrenzung zu anderen Devianzphänomenen?
5. Wie ist eine Kriminalitätstheorie gestaltet, die emissarische Devianz erklärt?

Die Arbeit wird sich zum Zwecke der Beantwortung der Forschungsfragen primär auf Fachliteratur und peer-reviewte wissenschaftlichen Werke stützen. Daneben wird ein sekundärer Fokus auf Behördenerkenntnissen, Gerichtsentscheidungen sowie zeitgeschichtlichen Ereignissen liegen, die über die reine Beispielfindung hinaus der Kontextualisierung der erlangten Erkenntnisse dienen soll. Nach der Erörterung des Forschungsstandes findet eine grundlegende Auseinandersetzung mit der Natur, den Begrifflichkeiten, den tatbegehenden Akteurinnen und Akteuren sowie ausgewählten Einzelsachverhalten im Bereich der emissarischen Devianz statt. Im Zentrum der Arbeit steht sodann die Überprüfung von und Subsumtion unter bestehende Kriminalitätstheorien und – sofern die Erkenntnislage dies erforderlich macht – die schrittweise Entwicklung einer spezifischen Theorie, welche die Entstehungszusammenhänge, Eigenschaften, Ätiologie und Handlungsmotivationen im Zusammenhang mit emissarischer Devianz darlegen soll.

Stand der Forschung, Annahmen und Methodik 2

In diesem Kapitel erfolgt eine Erörterung des Forschungsstandes und – da viele unterschiedliche wissenschaftliche Disziplinen und zahlreiche verwandte Phänomene Bezüge zum Gegenstand dieser Untersuchung aufweisen – eine thematische Eingrenzung (Abschnitt 2.1). So soll der Fokus dieser Arbeit in der gebotenen Kürze akzentuiert werden, bevor die hierfür ausgewählte Methodik erörtert wird (Abschnitt 2.2).

2.1 Forschungsstand und phänomenologische Eingrenzung

Die wissenschaftliche Auseinandersetzung mit nachrichtendienstlicher Devianz in Deutschland ist durch eine Ermangelung an Quellenzugängen verhältnismäßig erschwert und wird nahezu nicht betrieben.[1] Erkenntnisse stammen zumeist aus wenigen öffentlichen Behördendokumenten bzw. -analysen, investigativen Recherchen und – in theoretisierter Form – zumeist ausländischen wissenschaftlichen Publikationen (ähnlich Blancke 2005: 27). Behördeninformationen, gerade solche von Nachrichtendiensten, lassen sich aber nicht unabhängig überprüfen. Selbes gilt für die Berichterstattung über dieselbe. Kriminologisch relevante Einsichten setzen sich (meist nur indirekt) aus der Betrachtung spezifisch kriminologischer Phänomene, nachrichtendienstlicher und polizeilicher Erkenntnisse, aber auch aus den Erkenntnissen diverser Bezugswissenschaften zusammen.

[1] Eine exemplarische Ausnahme stellt das geschichtswissenschaftliche Projekt von Prof. Dr. Michael Wala der Ruhr-Universität Bochum unter dem Titel „Das Bundesamt für Verfassungsschutz, das Ministerium für Staatssicherheit und die Spionageabwehr im Kalten Krieg" dar.

D. Ay, *Fremde Macht*, BestMasters, https://doi.org/10.1007/978-3-658-46408-0_2

Einer der wenigen modernen Versuche einer kriminologischen Erklärung für Spionagehandeln stammt von Sarbin aus dem Jahre 1991. Er unterscheidet im Wesentlichen zwischen zwei Motivatoren für Spionage: zwischen Eigennutz und Ideologie der Tatbegehenden (vgl. Sarbin 1991 zitiert nach Parker/Wiskoff 1991: 32 ff.). Diese Betrachtung auf der Mikroebene lässt die Rolle fremder Mächte und hoheitlicher Institutionen, also Auftrags- und Steuerungselemente, sowie die völkerrechtliche Bewertung der Vorgänge gänzlich außer Acht.

Zuletzt würdigte Lee Spionage als eigenständige Kriminalitätsform, genauer: als international organisierte *„[politische] Kriminalität von politisch Mächtigen“* (1995: 38 ff.). Dabei geht er allerdings nur von einer zwischenstaatlichen, also einer „Staat-gegen-Staat“-Konstellation aus. Inländische Spionage zum Nachteil von Einzelnen bezeichnet er lediglich als *„illegale Überwachung“* (Lee 1995: 33); Spionage im Ausland zum Nachteil von Individuen (z. B. Ausspähung von Oppositionellen im Exil) erfährt gänzlich keine Würdigung.

Die einzig aktuellere Auseinandersetzung mit (Insider-)Spionage fand durch Danesy (2022) im Rahmen einer Strafrechts-Dissertation statt, deren Kern in Abschnitt 6.2.3 detailliert besprochen wird. Wie Sarbin vor ihm, konzentriert sich Danesy damit ebenfalls auf individuelles Verhalten und damit korrespondierende Gefahren auf der Mikroebene.

Empirische Daten zu Tatbegehenden stammen aus kriminalpolitischen Papieren von öffentlichen Stellen der USA aus den Jahren 1988 (Jepson), 1992 (Wood/Wiskoff) und 2002 (Herbig/Wiskoff). Diese sind Gegenstand einer Auswertung im Abschnitt 4.2. Empirische Erhebungen mit Bezug zur Bundesrepublik oder zur ehemaligen DDR existieren kaum (vgl. Abschnitt 4.3), solche kriminologischer Natur gar nicht.

Allgemeine Erklärungen für – abermals individuelles – Spionageverhalten bietet auch die Psychologie, wie vorgenannte Autoren für ihre jeweilige Erklärung auf der Mikroebene bei der Untersuchung der motivierenden Faktoren feststellten. Der am weitesten verbreitete Ansatz ist die M.I.C.E.-Theorie (vgl. Abschnitt 6.2.2), wobei das Akronym für Geld (*Money*), Ideologie (*Ideology*), Zwang (*Compromise/Coercion*) und Selbstwertgefühl (*Ego*) steht (vgl. Levchenko 1988: 106).

Weitere, jedoch nur indirekt relevante Erkenntnisse stammen u. a. aus Forschungen im Bereich der Kriminologie (Wirtschafts- und Auftragskriminalität), Politikwissenschaft, aus dem nationalen und dem Völkerrecht, der Konfliktforschung und aus wissenschaftlichen behördlichen Analysen. Die relevanten Faktoren dieser Bereiche werden im Rahmen der weiteren Erarbeitung untenstehend gewürdigt.

Dessen unbenommen wird sich diese Arbeit aus Kapazitätsgründen nicht explizit mit den Phänomenen analoger und hybrider Kriegsführung, Cyberkriminalität sowie nicht-staatlicher Formen der Kriminalität, wie z. B. private Industriespionage, auseinandersetzen, wenngleich diese unter Kriminalität der Mächtigen zu subsumieren sein können. Weisen diese Themen relevante Bezüge oder Parallelen zur oben beschriebenen Thematik auf, werden die entsprechenden Faktoren inzidentell diskutiert.

2.2 Forschungsleitende Annahmen und Methodik

In Anlehnung an die hiesigen Forschungsfragen (vgl. Abschnitt 1.4) und auf Grundlage der bisherigen Forschung (vgl. Abschnitt 2.1) werden erste Annahmen formuliert, die der weiteren Untersuchung als Selbstverständnis zugrunde gelegt werden können:

1. Emissarische Devianz ist eine Form der Kriminalität der Mächtigen.
2. Emissarische Devianz ist prinzipiell (wirtschafts-)politisch motiviert.
3. Emissarische Devianz setzt die Betroffenheit mindestens zweier hoheitlicher Mächte voraus.
4. Neben individuellen Motivatoren für emissarische Devianz auf der Mikroebene existieren auch sie bedingende Strukturen auf der Meso- und Makroebene.
5. Emissarische Devianz ist nicht nur in einer Staat-gegen-Staat-Konstellation als deviante Handlung auf der Makroebene anzusehen, sondern auch in einer Staat-gegen-Individuum-Konstellation im In- und Ausland.
6. Grundsätzlich kommt jede Person, ob willentlich und wissentlich oder nicht, als Emissärin bzw. Emissär in Frage.

Diese Annahmen sind relevant für den Umgang mit Rechercheergebnissen, die sich im Rahmen der Literaturrecherche für diese Arbeit herausgebildet haben. Diese wurde im Vorfeld durchgeführt, um den aktuellen Stand der Forschung im deutsch- und englischsprachigen Raum in Bezug auf das hier zu beleuchtende Devianzphänomen darzustellen. Um die große Bandbreite der Fachbegriffe und Schlüsselwörter abzudecken, die auf für diese Arbeit potenziell relevante Sachwerke, (empirische) Studien, Behördendokumente, aber auch zeitgeschichtliches Geschehen hinweisen könnten, wurden sie in drei Hauptsuchgruppen unterteilt:

- Phänomenologisch relevante Begriffe: Agententätigkeit, Spionage, Sabotage, staatliche Einflussnahme, Nachrichtendienst, Geheimdienst, Staatsterrorismus, Geheimpolizei, fremde Macht, Proliferation;
- Kriminologisch relevante Begriffe im Untersuchungskontext: Kriminalität der Mächtigen, Makrokriminalität, Auftragskriminalität, Wirtschaftskriminalität, organisierte Kriminalität, Mehrebenen-Ansatz;
- Strategische Hauptgegner der sogenannten westlichen Welt[2] bzw. Deutschlands im Bereich der Spionageabwehr und Gegenspionage: Russische Föderation, Volksrepublik China, Islamische Republik Iran, Pakistan, Demokratische Volksrepublik Korea, Republik Türkei, Deutsche Demokratische Republik.

[2] Diese Bezeichnungen sollen dem allgemeinen Verständnis für die Herangehensweise bei der Literaturrecherche dienen und stellen an dieser Stelle keine pauschale Wertung der Autorenschaft in dem Sinne dar, dass es etwa gute bzw. westliche und schlechte bzw. östliche Devianzen gäbe.

Begriffe aus der Phänomenologie 3

Um ein einheitliches Begriffsverständnis als Grundlage für die weitere Rezeption zu ermöglichen, bedarf es einer detaillierten Erläuterung der grundsätzlichen Bedeutung mehrerer zentraler Begriffe aus der Phänomenologie, die in dieser Arbeit behandelt werden. Zugleich soll dieses Kapitel der „Kriminologisierung“ der Materie beitragen. Als Orientierungspunkte für die Definitionen sollen vor allem das nationale Recht und damit die Spezialgesetze der drei Nachrichtendienste des Bundes gelten: Das oben erwähnte BfV, der Bundesnachrichtendienst (BND) und das Bundesamt für den Militärischen Abschirmdienst (BAMAD). Der obenstehend kritisierten, fälschlichen Verwendung von Begriffen soll vorgebeugt werden, indem im Anschluss an dieses Kapitel ein einheitlicher und sachkundiger Wortgebrauch Einzug hält. Bevor am Ende eines jeden Unterkapitels eine verwertbare Definition festgelegt werden kann, sollen unterschiedliche Begriffsbestimmungen besprochen werden, um ein möglichst breites Verständnis für den Stand der Forschung bzw. herrschende Meinungen zu schaffen. Vorab sei zudem angemerkt, dass in dieser Arbeit stets von Friedenszeiten ausgegangen wird, sofern staatliches Handeln thematisiert wird, da ein formaler Kriegszustand eine andere rechtliche Grundlage, z. B. für Agententätigkeiten, darstellen würde (vgl. Sule 2006: 70; vgl. Möllers 2018a: 2128).

3.1 Spionage und Spionageabwehr

Staatliche Spionage ist das in den meisten Ländern strafbewehrte (vgl. BfV, o. D.-c), „*zumeist heimliche Auskundschaften von politischen, militärischen und wirtschaftlichen sowie allen lebens- und verteidigungswichtigen Einrichtungen*“ (Möllers 2018a: 2126). Für die Abwehr von Spionage im zivilen Bereich ist

D. Ay, *Fremde Macht*, BestMasters, https://doi.org/10.1007/978-3-658-46408-0_3

das BfV zuständig, für Vorgänge im Zuständigkeitsbereich der Bundeswehr das BAMAD (vgl. Möllers 2018a: 2126). Hierbei ist nicht zwangsweise der Zugriff auf (geheime) Informationen das Ziel fremder Mächte, sondern deren subsequente Instrumentalisierung (vgl. Möllers 2018a: 2126 ff.). Derlei Aktivitäten von fremden Mächten haben stets zur Folge, dass die nationale Souveränität des jeweiligen Landes, in dem bzw. gegen dessen Interessen diese Handlungen vollzogen werden, fundamental beeinträchtigt wird (vgl. BfV 2023a: 278 f.).

Über die Definition von Spionage(-abwehr) und ihre Gefahr für die öffentliche Sicherheit und Ordnung besteht in der Literatur des vergangenen Jahrhunderts keine Einigkeit. Zum Teil wird die Klassifikation der angestrebten Erkenntnisse als Kriterium für Spionage herangezogen. Nach dieser Denkschule fiele nur die Beschaffung und Auswertung heimlicher Informationen darunter, nicht jedoch dieselbe von öffentlich zugänglichen Quellen (vgl. Matz-Lück 2017: 110 f.; vgl. Falk 1962: 50). Dem gegenüber steht die Interpretation von Halleck/Davis, nach der Spionage lediglich eigene Tarnung bzw. einen falschen Vorwand für einschlägige Aktivitäten voraussetzt (vgl. 1911: 598 f.), bei der die Klassifikation der Informationen jedoch unerheblich ist.[1] Einer breiteren Auslegung folgend beinhaltet Spionage jegliche heimliche Erhebung von Informationen auf dem Hoheitsgebiet eines fremden Staates ohne dessen Kenntnis oder Zustimmung (vgl. Scott 1999: 217 f.). Dieser Auslegung steht beispielsweise das österreichische Verfassungsschutzrecht entgegen, nach welchem Spionage nur abgewehrt wird, wenn durch sie eine Gefährdung für die eigenen Verfassungsorgane bestünde (vgl. § 1 Abs. 2 SNG). Im Folgeschluss stellen Spionageaktivitäten auf österreichischem Territorium, die sich gegen Dritte richten, z. B. verbündeten Staaten der Europäischen Union, keinen Rechtsbruch dar. Das Beispiel Österreichs, wobei es sich global um eine Ausnahme handeln dürfte, zeigt, dass Spionage und deren Bekämpfung vor allem eine Sache politischer Ratio und legislativer Interpretation sind (vgl. Wright 1962: 13; vgl. Baker 2005: 1094 ff.).

Der englische Begriff *counterespionage* kann im Deutschen sowohl für Spionageabwehr als auch für Gegenspionage stehen. Wie in Abschnitt 1.1 erwähnt, ist das Ziel von Spionageabwehr der Schutz vor und die Aufklärung und Abwehr von den unter diesem Kapitel angesprochenen Aktivitäten, sofern sie sich gegen deutsche Belange richten; die einschlägigen Spezialgesetze beschreiben die in Frage stehenden Aktivitäten als *„sicherheitsgefährdende oder geheimdienstliche Tätigkeiten […] für eine fremde Macht"* (§ 3 Abs. 1 Nr. 2 BVerfSchG; § 1 Abs. 1 Nr. 2

[1] Halleck/Davis besprechen in *„Military Espionage"* (1911) nicht die hier gegenständliche Friedenszeitspionage. Gleichwohl ist die hier zitierte Ausführung allgemeingültig.

MADG, wobei sich der Auftrag des BAMAD auf den Geschäftsbereich des Bundesministeriums der Verteidigung beschränkt).[2] Die Erfüllung dieser gesetzlichen Aufgabe kann sowohl präventiv erfolgen, also durch die Ergreifung früher Schutzmaßnahmen, als auch repressiv durch die aktive Aufklärung und Verhinderung bestehender Informationsabflüsse (vgl. Roewer et al. 2003: 435 f.).

Der personelle und materielle Geheim- und Sabotageschutz sind Bestandteile der präventiven Spionageabwehr (vgl. Roewer et al. 2003: 161). Allgemein bezieht sich der personelle Geheim- und Sabotageschutz auf die Überprüfung künftiger Geheimnistragender sowie Funktionsträgerinnen und -träger in öffentlich und privat betriebenen Bereichen der kritischen Infrastruktur (vgl. Spitzer 2011: 93). Der technische und organisatorische Schutz von Verschlusssachen und sicherheitsempfindlichen Einrichtungen erfolgt hingegen im Rahmen des materiellen Geheim- und Sabotageschutzes (vgl. Spitzer 2011: 93 f.). Ebenso hierunter fällt jede auf die Inkenntnissetzung der deutschen Bevölkerung, inklusive der Wirtschaft, abzielende Öffentlichkeitsarbeit des Verfassungsschutzes gemäß § 16 Abs. 1 BVerfSchG. Teil der repressiven Spionageabwehr hingegen ist die Beobachtung und Aufklärung illegitimer geheimdienstlicher Aktivitäten fremder Mächte auf dem Staatsgebiet Deutschlands mit den Aspekten Spionage, Ausspähung von Oppositionellen, Staatsterrorismus und Proliferation (vgl. Droste 2007: 132).

Nicht im Kontrast zur reinen Abschirmung, sondern als Ergänzung zu dieser (vgl. Warg 2017: 657 f.) ist unter Gegenspionage die *„nachrichtendienstliche Auslandsaufklärung […] von Informationen auf außenpolitischem, wirtschaftlichem, rüstungstechnischem und militärischem Gebiet“* und *„die Aufklärung der gegnerischen Nachrichtendienste“* (BT-Drs. 7/3246: 47) zu verstehen – eine offensive dritte Variante, neben der präventiven und repressiven Spionageabwehr. Diese Beschreibung von Gegenspionage entstammt der ersten schriftlichen Gesetzesgrundlage für den BND, in Form einer allgemeinen Dienstanweisung (Bundesarchiv, o. D.). Dass Definitionen wie diese jedoch nicht statisch sind, zeigt sich darin, dass das heutige Spezialgesetz dem BND Wirtschaftsspionage[3] explizit untersagt (vgl. § 19 Abs. 9 BNDG). Roewer et al. fassen den

[2] Der Stand aller in dieser Arbeit zitierten Nachrichtendienstgesetze der BRD liegt vor dem Inkrafttreten einer Gesetzesänderung mit Wirkung zum 01. Januar 2024.

[3] Diese ist zu unterscheiden von Industriespionage, welche in die Zuständigkeit keines deutschen Nachrichtendienstes fällt. Bei Wirtschaftsspionage handelt es sich um die hoheitlich gelenkte oder unterstützte Erkundung von privaten Wirtschaftsunternehmen und Betrieben, die von fremden Nachrichtendiensten ausgeht (vgl. BfV 2008a: 9). Im Kontrast dazu ist Industriespionage als privatwirtschaftliche Konkurrenzspionage zu verstehen. Eine Schwierigkeit bei der Definition stellen in diesem Zusammenhang fremde Mächte dar, die ihre

Begriff der Gegenspionage weiter und sehen darin die personelle oder technische Penetration eines fremden Geheimdienstes mit dem Ziel der Erforschung von *„Struktur, Methoden, Mittel[n] und Absichten der fremden Sicherheitsbehörden“* (2003: 159 f.) inklusive der Möglichkeit, diese ggf. zu steuern.

Spionage ist also jeder klandestine Mitteleinsatz einer hoheitlichen Macht auf dem Gebiet bzw. gegen die Interessen mindestens einer anderen hoheitlichen Macht mit der Absicht Informationen zu sammeln, auszuwerten und auf den erlangten Erkenntnissen basierend eine politische Zielvorgabe zu erfüllen. Spionageabwehr ist jeder präventive, repressive oder offensive (und klandestine) Mitteleinsatz derselben Akteurinnen und Akteure mit dem ultimativen Ziel der Abschirmung, um Spionagehandlungen fremder Mächte gegen die eigenen Belange zu verhindern.

3.2 Geheimdienstliche Agententätigkeit und die Unterscheidung zwischen Agent/innen und Spion/innen in Deutschland

Laut dem deutschen Strafrecht übt eine Person geheimdienstliche Agententätigkeiten aus, sofern sie

> *„[3.] <u>für</u> den [2.] <u>Geheimdienst einer fremden Macht</u> eine geheimdienstliche Tätigkeit [4.] <u>gegen die Bundesrepublik Deutschland</u> [1.] <u>ausübt</u>, die auf die Mitteilung oder Lieferung von Tatsachen, Gegenständen oder Erkenntnissen gerichtet ist, oder […] gegenüber dem Geheimdienst einer fremden Macht oder einem seiner Mittelsmänner sich zu einer solchen Tätigkeit bereit erklärt.“* (§ 99 Abs. 1 Nr. 1, 2 StGB, Hervorhebung und Nummerierung der für die Tathandlung maßgeblichen Faktoren durch den Autor, auf Basis von Barthe/Schmidt 2021: 476 ff.)

Wie für das deutsche Strafrecht (mit Ausnahme des § 211 StGB) üblich, beschreibt die einschlägige Norm also das tätliche Handeln und nicht die Typik der Tatbegehenden, also der Emissärin oder des Emissärs. Aus den Tatbestandsmerkmalen des § 99 StGB lassen sich im Sinne einer Typisierung die folgenden Schlüsse ziehen.

Erstens erfordert die Ausübung einer Tätigkeit ein *„aktives Verhalten“* (Barthe/Schmidt 2021: 476); die betreffende Person muss sich der Bestrebung bereitwillig, funktionell und formlos anschließen (vgl. Barthe/Schmidt 2021: 476 f.).

Wirtschaftsspionage durch halbstaatliche oder private Unternehmen ausüben bzw. ausüben lassen (vgl. BfV 2023b: 24).

Dabei kann auch die passive Duldung von Ausforschung eine Aktivität darstellen (vgl. Barthe/Schmidt 2021: 478). Zweitens setzt die Einordnung einer Aktivität als geheimdienstlich Handlungsweisen seitens der Täterin oder des Täters voraus, die dem charakteristischen Verhalten von Agentinnen und Agenten entsprechen. Diese Handlungsweisen können klandestin erfolgen oder offen zutage treten, sind aber in jedem Fall gegeben, wenn sie den politischen Zielvorgaben der fremden Macht zuträglich sind (vgl. Barthe/Schmidt 2021: 477 f.). Zusätzlich erfordert die Tat Aktivitäten im Verantwortungsbereich eines Nachrichtendienstes, also einer *„ständigen Einrichtungen in staatlichen Bereichen"* (Barthe/Schmidt 2021: 478), die Tätigkeiten im Auftrag einer fremden Macht ausübt. Durch die schrankenlose Formulierung fallen darunter grundsätzlich auch solche Mächte, die mit der Bundesrepublik verbündet sind (vgl. Barthe/Schmidt 2021: 479 f.; vgl. García-Mora 1964: 82). Drittens ist die Zielgerichtetheit der Tathandlung maßgeblich; sie muss *„für"* eine bestimmte Entität durchgeführt werden. Diese Beschreibung träfe beispielsweise auf die planmäßige (auch einmalige) Übersendung von Informationen an einen Nachrichtendienst zu, nicht jedoch beispielsweise auf den fahrlässigen Verlust derselben zum Vorteil eines Nachrichtendienstes (vgl. Barthe/Schmidt 2021: 480). Viertens müssen sich die Handlungen gegen nationale Belange richten. Richten sie sich gegen Bündnisse, denen Deutschland zugehörig ist, ist dieses Kriterium ebenfalls erfüllt (vgl. Barthe/Schmidt 2021: 486). Inländer und Ausländer im Inland – womit sowohl juristische Personen, im Sinne staatlicher Repräsentanz, als auch natürliche Personen gemeint sind – kommen hierbei als potenzielle Tatbegehende in Frage (vgl. Barthe/Schmidt 2021: 482 ff.). Zuletzt ist zu bemerken, dass durch die konkrete geheimdienstliche Agententätigkeit keine neue Gefahr für die Bundesrepublik erwachsen muss, da sie selbst *„jedenfalls eine abstrakte Gefahr für die Staatssicherheit"* (BVerfGE 57, 250: 271) darstellt.

Voraussetzung für Strafbegehung ist also die vorsätzliche Aktivität, nicht jedoch etwa ein formales Arbeitsverhältnis zwischen der Täterin bzw. dem Täter und dem Nachrichtendienst einer fremden Macht. Demnach kann eine Agententätigkeit durch jedermann verrichtet werden. Der Terminus Agentin bzw. Agent ist als Überbegriff für alle personellen Aktivitäten für fremde Nachrichtendienste zu verstehen. Gleichwohl wird der Begriff international sehr unterschiedlich verwendet. Beispielsweise wird in den USA sprachlich zwischen eigenen hauptamtlichen (*federal agent*) und ausländischen (*foreign agent*) Agentinnen und Agenten unterschieden (vgl. Roewer et al. 2003: 18). Die offizielle Bezeichnung eigener Staatsbediensteter als Agentinnen und Agenten in Deutschland ist hingegen unüblich und wäre bei teleologischer Auslegung der einschlägigen Normen des Strafgesetzbuches unschlüssig.

Klassischerweise unterscheidet man bei geheimdienstlichen Tätigkeiten zwischen drei Ausprägungen: Spionage, Sabotage und Einflussnahme (vgl. Warg 2023: 63). Damit ist Spionage eine Unterkategorie der Agententätigkeit. Die synonyme Verwendung der Begriffe kann daher sachlich inkorrekt sein, wenngleich Spionage – genauer: die durch sie erlangten Erkenntnisse – fundamentale Bedingung für weiterführende, geheimdienstliche Agententätigkeiten sind. Spionage bezeichnet (aus deutscher Sicht) nämlich die Beschaffung von Informationen für oder durch einen fremden Nachrichtendienst auf dem Territorium der BRD oder mit Auswirkungen darauf (vgl. Warg 2023: 63). Hingegen bezeichnet Sabotage die aktive Beeinträchtigung oder Zerstörung von Objekten mit dem Ziel, die Funktionsfähigkeit eines Staates, beispielsweise seine Verteidigungsfähigkeit, zu schädigen (vgl. Warg 2023: 63). Die dritte Kategorie, Einflussnahme, umfasst Handlungen, die darauf abzielen, heimlich in den Meinungsbildungsprozess der Organe eines anderen Staates einzugreifen und die öffentliche Meinung zu lenken. Zu den gebräuchlichen Methoden gehören die Verbreitung von Desinformationen sowie der Einsatz von Einflussagentinnen und -agenten, die unter taktischer Ausnutzung ihrer (politischen oder sozialen) Positionen damit befasst sind, die Verhältnisse im Operationsraum systematisch zu beeinflussen (vgl. Warg 2023: 64). Dazu kommen Unterwanderung, das Umfunktionieren bestehender Strukturen, die aktive Besetzung zentraler Positionen und die Diskreditierung von systemischen oder politischen Gegnerinnen und Gegnern (vgl. Flade 2022). Auch sonstige Aktivitäten eines fremden Nachrichtendienstes, z. B. die Gewalt gegen Menschen (politischer Mord, Entführungen etc.), fallen unter die Zuständigkeit der deutschen Nachrichtendienste – selbst dann, wenn sie nicht die Tatbestandsmerkmale des § 99 StGB erfüllen oder anderweitig strafbar sind (vgl. Warg 2023: 65).

Spionage, Sabotage oder Einflussnahme werden also durch Agentinnen und Agenten verübt. Gleichwohl hat sich die inkorrekte pauschale Gleichsetzung von Agentin und Spionin bzw. Agent und Spion im Sprachgebrauch durchgesetzt, weshalb sich der einleitend vorgestellte Begriff der Emissärin bzw. des Emissärs besser für eine kriminologische Auseinandersetzung im Sinne der Beschreibung von Tatbegehenden eignet. Die Bezeichnung soll fortan als neutraler Überbegriff für alle staatlichen Gesandten zur Verrichtung von Handlungen im Sinne des § 99 StGB und artverwandter Delikte gelten, auf welche im Abschnitt 4.1.3 eingegangen wird.

Eine Emissärin bzw. ein Emissär ist also jede Person, die willentlich und wissentlich, sowie ziel- und zweckorientiert durch ihr aktives sicherheitsgefährdendes oder geheimdienstliches Verhalten für den Nachrichtendienst einer fremden Macht dessen politischen Zielvorgaben gegen die nationalen Interessen der anvisierten staatlichen oder staatsähnlichen Macht fördert und damit eine Gefahr darstellt. Emissärinnen und Emissäre können dabei legale oder illegale sowie offizielle und inoffizielle Aktivitäten ausüben oder Funktionen einnehmen, welche in den Kapiteln 4, 6 und 8 noch im Einzelnen beleuchtet werden sollen.

3.3 Unterscheidung zwischen Geheimdienst und Nachrichtendienst

Wie bereits konturiert, wird ein Geheimdienst im Verhältnis zum Nachrichtendienst wahlweise synonym, in Konkurrenz zueinanderstehend (vgl. Roewer et al. 2003: 160) oder als Steigerung, im Sinne der zusätzlichen Ausstattung mit imperativen Zwangsbefugnissen (vgl. Warg 2023: 1 f.), verstanden. Jedenfalls handelt es sich bei einer solchen Behörde um eine ständige hoheitliche Einrichtung, welche ihren Beschaffungs- und Aufklärungsauftrag mit offenen und verdeckten Mitteln ausübt.

Eine denkbare Differenzierung könnte auf Basis der (fehlenden) polizeilichen Exekutivbefugnisse der fraglichen Dienste getroffen werden: So herrscht in Deutschland das Trennungsgebot zwischen Nachrichtendiensten und Polizei, welches eine Machtzusammenballung wie in den Fällen der Geheimen Staatspolizei (Gestapo) zur Zeit des Nationalsozialismus und dem Ministerium für Staatssicherheit (MfS) in der DDR zum faktischen Zwecke der Grundrechts- und Menschenrechtsverletzungen verhindern soll (vgl. Gusy 2009: 179 f.). Deutsche Dienste werden daher regelmäßig nicht als Geheimdienste gewertet; sie haben keine polizeilichen Zwangsbefugnisse und sind auch nicht offiziell mit der Störung oder Beeinflussung politischer Gegner im In- und Ausland beauftragt. Sie beschränken sich also auf das bloße Sammeln und Auswerten von Informationen und versuchen nicht mittels eigener Aktivitäten unmittelbar auf gesellschaftliche oder politische Abläufe einzuwirken, etwa durch Desinformation, Subversion, Zersetzung oder gar durch politischen Mord bzw. die Initiierung von militärischen Auseinandersetzungen (vgl. Warg 2023: 2). Zudem ist die Verhinderung von Willkür und Unrecht für deutsche Behörden konstitutiv, da das Rechtsstaatsprinzip, welches sich aus Art. 20 Abs. 3 GG ergibt, eine Gesetzesgrundlage erfordert, die einem solchen Machtübermaß und -missbrauch kategorisch entgegensteht.

Kritikerinnen und Kritiker des Nachrichtendienstwesens hingegen sehen jede Differenzierung zwischen Geheimdiensten und Nachrichtendiensten als konstruiert an, mit dem tatsächlichen Ziel der sprachlichen Verharmlosung identischer Handlungsweisen. Der ehemalige Präsident des BND, Gerhard Schindler, äußerte sich in einem Interview wie folgt in ebendiesem Sinne: *„Man hat das bürokratische Wort ‚Bundesnachrichtendienst' erfunden, damit es nicht ‚Geheimdienst' heißt"* (2018). Kern der Sprachkritik ist, dass es sich durch die jeweiligen ministerialen Fachaufsichten (vgl. BfDI 2023: 68; vgl. BfDI 2021: 48) zwangsweise um politische Geheimdienste, u. a. zur Bekämpfung des politischen Gegners, handeln müsse (vgl. Jacobsen 2023). Für diese Kritik spricht, dass es sich bei den Präsidentinnen und Präsidenten der drei Dienste des Bundes um politische Beamtinnen und Beamte gemäß § 54 Abs. 1 Nr. 3 BBG handelt. Diese ausnahmerechtliche Regelung im Beamtenrecht ermöglicht es einer Regierung, an zentralen Stellen der Administration Beamtinnen und Beamte zu platzieren, deren grundlegende politische Überzeugungen und Ziele in besonderem Maße mit denen der Regierung übereinstimmen (vgl. Derlien 2001: 47; vgl. Möllers 2018b: 1690). Dagegen spricht, folgt man der Logik Dietrichs, dass es eben keine Belege oder gar rechtliche Grundlage dafür gibt, dass die deutschen Dienste und ihre Mitarbeitenden planmäßig und systematisch gegen Regierungskritikerinnen und -kritiker oder Oppositionelle, die keine Extremisten sind (vgl. Jacobsen 2023), vorgingen oder als *Agents Provocateurs* aufträten.

Die semantische Debatte verliert an Bedeutung, betrachtet man den Umstand, dass alle inländischen und ausländischen Dienste Informationen (offen oder klandestin) beschaffen, diese auswerten und auf ihrer Basis ggf. behördliche Maßnahmen einleiten. Ob es sich dabei um Ausforschungsbemühungen handelt oder etwa um Sabotage- und Mordakte, ist im Einzelfall nicht unerheblich, aber immerhin aus kriminologischer Sicht zunächst zweitrangig. Von Bedeutung ist zudem die Erkenntnis, dass „Geheimdienst" nicht zwangsweise eine zur Kriminalität neigende Entität beschreibt, während „Nachrichtendienst" mit Rechtsstaatlichkeit und demokratischer Kontrolle gleichzusetzen ist – ausschlaggebend ist der (gesetzliche) Auftrag und das Handeln der Akteurinnen und Akteure. Eine synonyme Verwendung der Begriffe ist daher grundsätzlich zulässig, jedoch wird in dieser Arbeit der Einheitlichkeit halber von (eigenen und fremden) Nachrichtendiensten ausgegangen.[4]

[4] Mit Ausnahme feststehender Begrifflichkeiten, wie z. B. *„Geheimdienstliche Agententätigkeit"* (§ 99 StGB), *„geheimdienstliche Tätigkeiten"* (§ 3 Abs. 1 Nr. 2 BVerfSchG).

4 Die Gefahr geheimdienstlicher Tätigkeiten

Wie bereits dargelegt, wird die Spionageabwehr von BfV und BAMAD bereits beim Verdacht einer sicherheitsgefährdenden oder geheimdienstlichen Tätigkeit aktiv (vgl. Abschnitt 3.1). Dabei handelt es sich um Handlungsweisen, die noch keinen Gefahreneintritt, beispielsweise in Form eines drohenden Strafgesetzverstoßes darstellen und damit das Vorgehen von Polizei bzw. Strafverfolgungsbehörden erfordern würden. Stattdessen spricht man hier vom sogenannten Gefahrenvorfeld, in dem vor allem Nachrichtendienste, sachverhaltsbezogen jedoch auch Polizeibehörden, tätig sind.[1] Die diversen nachrichtendienstlichen und polizeilichen Gefahrenkategorien sollen untenstehend in der gebotenen Kürze diskutiert und in einem Zeitstrahl zusammengeführt werden (Abschnitt 4.1).[2] Anschließend wird die Ubiquität von emissarischer Devianz, die grundsätzlich von jedermann begangen werden kann, diskutiert (Abschnitt 4.2). Da in diesem Zusammenhang auch motivationale Faktoren für die erfolgreiche Akquisition von Agentinnen und Agenten besprochen werden, soll die äußerste und besonders verächtliche Form der nachrichtendienstlichen Anbahnung, die Romeomethode, gesondert

[1] Beispielsweise hat das BKA weitreichende Vorfeldbefugnisse zur Abwehr von Gefahren des internationalen Terrorismus (vgl. §§ 38 ff. BKAG).

[2] Aus Kapazitätsgründen kann nicht auf die unterschiedlichen Normen und Gefahrenbegriffe aller Bundesländer und der Polizeibehörden des Bundes eingegangen werden. Die Auswahl erfolgt selektiv, wobei mithilfe der wissenschaftlichen Literatur eine größtmögliche Allgemeingültigkeit erreicht werden soll. Der Fokus liegt aufgrund der Fragestellung auf dem (nachrichtendienstlichen) Gefahrenvorfeld.

Ergänzende Information Die elektronische Version dieses Kapitels enthält Zusatzmaterial, auf das über folgenden Link zugegriffen werden kann https://doi.org/10.1007/978-3-658-46408-0_4.

D. Ay, *Fremde Macht*, BestMasters, https://doi.org/10.1007/978-3-658-46408-0_4

erörtert werden (Abschnitt 4.3). Die Herausforderung bei der Strafverfolgung und die bekannten Zahlen zu einschlägigen Sachverhalten sollen ebenfalls Gegenstand der Ausführungen dieses Kapitels sein (Abschnitt 4.4). Da emissarische Devianz ein weltweites Phänomen ist und Deutschland qua Einrichtung eines Auslandsnachrichtendienstes ebenfalls deviantes Verhalten im allgemeinen Sinne zu verantworten haben könnte, werden nachfolgend auch völkerrechtliche Aspekte sicherheitsgefährdender oder geheimdienstlicher Tätigkeiten gewürdigt (Abschnitt 4.5).

4.1 Gefahrenbegriff und die Verhältnismäßigkeit staatlichen Handelns

Die Abwägung zwischen Freiheit und Sicherheit ist die Aufgabe eines demokratischen Rechtsstaates. In Deutschland handelt es sich bei beiden um Rechtsgüter mit höchstem Verfassungsrang (vgl. Mielke 2013: 127). Daher ist eine der zentralen Aufgaben des Gesetzgebers, *„eine angemessene Balance […] herzustellen“* (BVerfGE 115, 320: 358). Im Rahmen dieser Abwägung muss folglich determiniert werden, wann von einer Gefahr für ein Schutzgut ausgegangen werden muss und ob bzw. inwiefern der Exekutivstaat intervenieren können soll. Dabei sind die Möglichkeiten des Staates nicht grenzenlos (vgl. Mielke 2013: 128).

Gefahr ist weltweit und im deutschen Föderalstaat ein nicht einheitlich definierter Begriff, der auf Basis sich fortentwickelnder Dringlichkeits- und Erheblichkeitserwägungen unterschiedliche Gefahrenkategorien in sich vereint (vgl. Graulich 2021: 396 f.). Im Polizeirecht wird die **konkrete Gefahr** im Allgemeinen als Sachlage verstanden, *„die in absehbarer Zeit mit hinreichender Wahrscheinlichkeit zu einem Schaden für die Schutzgüter der ‚öffentlichen Sicherheit und Ordnung‘ führen kann“* (Graulich 2021: 389 f.), sofern das Geschehen ungehindert verläuft (vgl. Borsdorff 2018a: 878). In den meisten deutschen Polizeigesetzen ist sie die Grundvoraussetzung für gefahrenpräventive Maßnahmen und damit verbundene mögliche Grundrechtseinschränkungen (vgl. Fabis 2020: 81). Vom Eintritt des Schadens für die besagten Schutzgüter ist auszugehen, wenn der Schutzbereich einer Norm, eines Rechts oder eines Rechtsguts, z. B. die körperliche Unversehrtheit, in einer Form verletzt wird, die eine objektive Minderung im Vergleich zum Normalzustand darstellt. Ist die Gefahr komplettiert und der Schaden verwirklicht, ist von einer Störung auszugehen (vgl. Graulich 2021: 399). Ist die Gefahrenschwelle überschritten und die Störung eingetreten, beginnt der Moment der Gefahrenabwehr (vgl. Borsdorff 2018b: 882) bzw. der Störungsbeseitigung (vgl. Borsdorff 2018d: 2178). Darauf folgt ggf. das **Strafverfahren**, das sich in der Regel aus dem Ermittlungsverfahren, der Anklageerhebung, dem Zwischenverfahren und dem Hauptverfahren (vgl. Kastner 2018: 2195 f.).

Wie Polizeibehörden sind auch die inländischen Nachrichtendienste Gefahrenabwehrbehörden (vgl. Warg 2023: 47), wobei die aufgabenmäßigen Gefahrentatbestände chronologisch vor der konkreten Gefahr liegen (vgl. Graulich 2021: 410 ff.) – dem nachrichtendienstlichen **Gefahrenvorfeld.**[3] Für die Darstellung des staatlich-exekutiven Umgangs mit sicherheitsgefährdenden oder geheimdienstlichen Tätigkeiten wird von folgenden nachrichtendienstlichen und polizeilichen Gefahrenkategorien wie in Abbildung 4.1 dargestellt ausgegangen. Die verwendeten Gefahrenbegriffe beschreiben sowohl die zeitliche Entfernung zu einem potenziellen Störungseintritt als auch das Gewicht der bedrohten Rechtsgüter.[4]

4.1.1 Das Gefahrenvorfeld und seine Gefahrenkategorien

Der herabgesetzte Wahrscheinlichkeitsmaßstab für den Eintritt einer Gefahr wird durch den Gesetzgeber mithilfe unterschiedlicher Formulierungen beschrieben, wie „*wenn Tatsachen die Annahme rechtfertigen*“ (§ 9 Abs. 1 BVerfSchG; § 14 Abs. 1 NPOG) oder „*tatsächliche Anhaltspunkte*“ (§ 8a Abs. 3 S. 1 Nr. 1 BVerfSchG; § 32 Abs. 3 S. 2 NPOG). Dass es sich dabei um „Vorfeld-Formulierungen“ handelt, ist exemplarisch daran zu erkennen, dass die Formulierung „*tatsächliche(r/n) Anhaltspunkt(e)*“ im NPOG nur dreimal vorkommen, im BVerfSchG jedoch achtzehnmal. Sie erlauben die Entwicklung von Vorfeldprognosen, bei denen ein großer Grad der Ungewissheit in Kauf genommen werden darf (vgl. Graulich 2021: 401). Die Polizeigesetze setzen für ein Eingreifen zumeist Erkenntnisse über das Bevorstehen einer Straftat voraus (vgl. Kral 2012: 107 ff.), während beispielsweise für das BfV das reine Vorhandensein einer im Grunde legalen Tätigkeit ausreicht, z. B. das Sammeln von öffentlich zugänglichen Informationen, solange diese nachrichtendienstlicher Natur ist bzw. für einen fremden Nachrichtendienst ausgeübt wird (vgl. § 3 Abs. 1 Nr. 2 BVerfSchG),

---

[3] Wie bereits dargelegt wurde, wehren auch Nachrichtendienste Gefahren gemäß ihres gesetzlichen Auftrages ab und agieren somit aus ihrer Binnensicht mitnichten in einem Vorfeld.

[4] Abbildung 4.1 orientiert sich an den Nachrichtendienst- und Polizeigesetzen des Bundes, sowie rein exemplarisch am Niedersächsischen Polizei- und Ordnungsgesetz (NPOG) und dem Gesetz über die Aufgaben und Befugnisse der Bayerischen Polizei (BayPAG). Eine noch detailliertere Variante der Abbildung ist (aus Gründen der Lesbarkeit) dem Anhang A zu entnehmen, welcher als elektronisches Zusatzmaterial zur Verfügung steht.

wodurch sie gemäß Nachrichtendienstrecht illegitim wird. Sind im Vorfeld einer Gefahr sowohl polizeiliche als auch Verfassungsschutzgesetze betroffen, sind beide Abwehrbehörden für die Gefahrenabwehr zuständig. Dieser Umstand hat die „Vernachrichtendienstlichung" der Polizei (vgl. Dietrich 2017: 813; vgl. Warg 2023: 7), bzw. die Auflösung des Vorfeldmonopols der Nachrichtendienste (vgl. Dietrich 2020: 77) zur Folge. Nicht Teil dieser Vernachrichtendienstlichung ist die Gefahrenaufklärung, die eine reguläre Vorfeldaufgabe im polizeilichen Gefahrenvorfeld darstellt (vgl. Graulich 2021: 413); analog gilt dies für die deutschen Nachrichtendienste, deren Existenzberechtigung die Aufklärung bestimmter Gefahren ist, die sich der polizeilichen Kenntnisnahme zunächst entziehen (vgl. Denninger 2021: 88 f.).

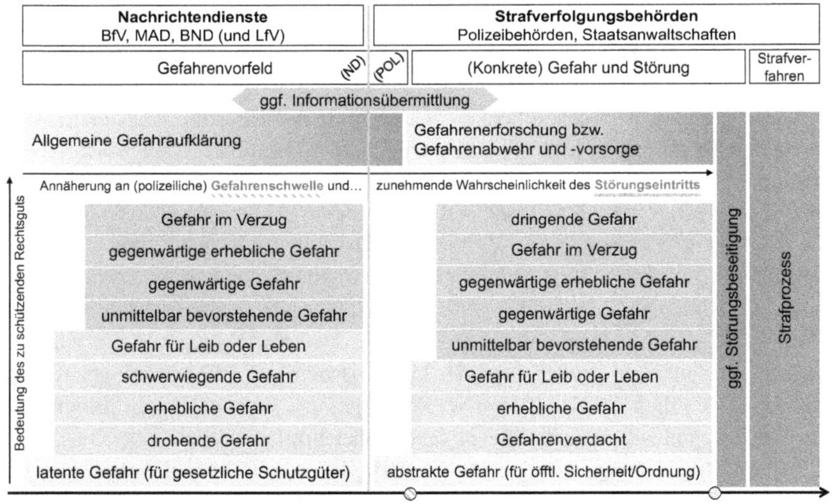

Abbildung 4.1 Gefahrenzeitstrahl (Zusammenführung der Gefahrenkategorien von Nachrichtendiensten und Polizei). (Quelle: Eigene Darstellung (vertikale Reihenfolge der Gefahren gemäß Graulich 2021))

Die auf Abbildung 4.1 dargestellten Gefahrenbegriffe im nachrichtendienstlichen Gefahrenvorfeld sind eine abschließende Aufzählung aus dem Nachrichtendienstrecht des Bundes. Sie ermächtigen z. B. das BfV zum Einsatz bestimmter nachrichtendienstlicher Befugnisse (§§ 8 ff. BVerfSchG) oder zur Übermittlung von Informationen an andere Stellen (§§ 17 ff. BVerfSchG). Im nachrichtendienstlichen Gefahrenvorfeld gemäß Abbildung 4.1 existiert kein Gefahrenbegriff, der nicht im geltenden Polizeirecht vorkommt – mit zwei Ausnahmen.[5]

Die **schwerwiegende Gefahr** ist eine rein nachrichtendienstliche Kategorie. Aus der Begründung des Gesetzes zur Änderung des BVerfSchG aus dem Jahre 2011 geht hervor, dass mit dieser Formulierung spezifisch die gesetzlichen Hürden für Datenauskünfte gegenüber den Nachrichtendiensten erhöht und damit Freiheitsrechte gegenüber dem Staat gestärkt werden sollten (BT-Drs. 17/6925: 12 f.). Es handelt sich also eher um eine zusätzliche Übermittlungshürde an Nachrichtendienste, als um eine Hürde für das originäre Handeln derselben.

Die zweite Ausnahme stellt die Rechtsfigur der **latenten Gefahr** dar, welche zwar streng genommen ebenfalls eine polizeiliche Gefahr ist, im heutigen Polizeirecht jedoch kaum noch vorkommt (vgl. Graulich 2021: 410). Von einer solchen Gefahr ist auszugehen, „*wenn ein Schaden erst zu irgendeinem, noch in der Ferne liegenden Zeitpunkt wahrscheinlich eintritt*“ (Graulich 2021: 410). Sie stellt somit die Vorstufe der abstrakten Gefahr dar, die „*eine nach allgemeiner Lebenserfahrung oder den Erkenntnissen fachkundiger Stellen mögliche Sachlage [ist], die im Falle ihres Eintritts eine Gefahr darstellt*“ (§ 2 Nr. 6 NPOG) – und damit wiederum selbst die Vorstufte einer konkreten Gefahr ist. Die latente Gefahr qualifiziert sich, wegen der maximalen Entfernung zur konkreten Gefahr und der zunächst anzunehmenden Legalität des Handelns in dieser Stufe, in der Folge als Beschreibung einer dauerhaften Gefahrenannahme außerhalb des polizeilichen Verständnisses.

Während das Strafrecht geheimdienstliche Agententätigkeiten also als abstrakte Gefahren ansieht (vgl. Abschnitt 3.2), muss für die rein nachrichtendienstliche Würdigung von sicherheitsgefährdenden oder geheimdienstlichen Tätigkeiten die latente Gefahrenannahme gelten. Denn wie die weiteren Untersuchungen zeigen werden ist davon auszugehen, dass Spionage-, Sabotage- und Einflussnahmeaktivitäten unerschöpflich vorkommen (vgl. Abschnitt 8.3).

Im Vordergrund steht bei der Betrachtung von Vorfeldgefahren im Sinne des Nachrichtendienstrechts demnach erstens prioritär die stete Annahme einer wie auch immer ausgeprägten Gefahr und ihre ultimative Konkretisierung im polizeilich relevanten Sinne für ein gesetzlich bestimmtes Schutzgut, z. B. der freiheitlichen demokratischen Grundordnung (fdGO), zweitens der Schutz mit eigenen nachrichtendienstlichen Mitteln oder drittens der Schutz durch die Übermittlung der Gefahrenbewertung an die Strafvollzugsbehörden.

---

[5] Von einer Definition aller etablierten Gefahrenkategorien aus dem Polizeirecht wird aus Kapazitätsgründen und wegen der fehlenden Relevanz für die Gesamtthematik abgesehen.

4.1.2 Verhältnismäßigkeitsprinzip

Gemäß dem Verhältnismäßigkeitsprinzip müssen belastende hoheitliche Eingriffe, wie Maßnahmen zur Gefahrenaufklärung, Gefahrerforschung, Gefahrenabwehr sowie strafprozessuale Maßnahmen geeignet, erforderlich und angemessen sein. Eine Maßnahme ist dann geeignet, wenn sie den angestrebten Zweck erreicht oder fördert und daher zwecktauglich erscheint. Sie ist zudem erforderlich, wenn sie von den in Frage kommenden und geeigneten Maßnahmen diejenige ist, die aller Voraussicht nach die geringsten Auswirkungen auf Einzelne oder die Allgemeinheit hat. Somit hat beim Einsatz staatlich-exekutiver Befugnisse stets das mildeste (wirksame) Mittel Vorrang; man spricht vom *„Interventionsminimum"* (Borsdorff 2018c: 2442 f.). Darüber hinaus ist die Maßnahme angemessen, wenn die mit ihr einhergehenden Nachteile für Betroffene oder die Allgemeinheit in einem adäquaten Verhältnis zu den Zielen der Maßnahme stehen. Es findet also eine Abwägung von konkurrierenden Rechtsgütern (vgl. Borsdorff 2018c: 2442 f.), z. B. Schutz der Privatsphäre der oder des Einzelnen einerseits und Schutz der öffentlichen Sicherheit andererseits statt. Zuvorderst müssen Maßnahmen auch einen legitimen Zweck verfolgen, also verfassungskonform sein. Der wirksame Schutz der fdGO durch Verfassungsschutzbehörden und jener der öffentlichen Sicherheit und Ordnung durch die Polizei könne als solche Zwecke gelten (vgl. Wienbracke 2013: 148 ff.). Dabei sind die Nachrichtendienste nicht etwa die *„Vorfeldbeschaffer"* (BT-Drs. 18/4654: 33) der Polizei und dienen nicht der Umgehung dort gescheiterter Verhältnismäßigkeitsprüfungen.

Für ein Aktivwerden rechtsstaatlicher Nachrichtendienste im Gefahrenvorfeld bedarf es einer intensiven Verhältnismäßigkeitsprüfung, wenn es sich bei von einer (nachrichtendienstlichen) Maßnahme betroffenen Person oder Gruppen zunächst um Unschuldige (im Sinne des Straf- und Strafprozessrechts) handelt – auch, wenn das Schutzgut eines Nachrichtendienstgesetzes betroffen ist (vgl. §§ 8 Abs. 2 S. 3, Abs. 5 S. 2 BVerfSchG). Führen die auf Basis einer Verhältnismäßigkeitsprüfung durchgeführten Maßnahmen nicht zum gewünschten Ergebnis, steht eine Maßnahmeneskalation zur Wahl; die willkürliche Übermittlung der Erkenntnisse an die Polizei gehört jedoch nicht dazu, da diese geringstenfalls eine *„hinreichend konkretisierte Gefahr"* (BVerfGE 162, 1: 111) für ein besonders gewichtiges Rechtsgut erfordert. Die Option der Maßnahmeneskalation steht auch den Nachrichtendiensten fremder Mächte zur Verfügung, wobei diese nicht (ausschließlich) rechtsstaatliche Erwägungen bei der Mittelwahl anstellen, wie die Ausführungen unter Abschnitt 8.3 verdeutlichen.

Emissarische Devianz, vor allem in Form von Spionage und Einflussnahme, spielt sich regelmäßig im nachrichtendienstlichen Gefahrenvorfeld ab. So ist beispielsweise das Sammeln offener Erkenntnisse über ein bestimmtes Interessenfeld grundsätzlich nicht strafbewehrt und zunächst unterhalb jeder polizeilichen Gefahrenschwelle. In der Folge steht in einem Rechtsstaat nach durchgeführter Verhältnismäßigkeitsprüfung ohne weiteres Wissen über einen solchen Vorgang kein polizeiliches Mittel zur Verfügung, um abstrakte Gefahren wie diese weiter aufzuklären oder diese abzuwehren. In einem solchen Szenario kann (bei sonst günstigen Umständen) nur durch nachrichtendienstliche Vorfeldbefugnisse (z. B. durch Maßnahmen im Rahmen der Spionageabwehr) substanziell zur Aufklärung einer möglichen Gefahr beigetragen werden. So könnte es sich im Fall eines russischen Agenten im Freistaat Bayern verhalten haben, der laut eines Urteils des Oberlandesgerichts München Informationen aus offen zugänglichen Quellen für einen russischen Nachrichtendienst zusammengetragen hat und zu einer Freiheitsstrafe verurteilt wurde (vgl. OLG München 2022). Auch wenn nicht bekannt ist, ob den Strafverfolgungsbehörden die Gefahr in dem beschriebenen Sachverhalt durch den Hinweis eines deutschen Nachrichtendienstes offenkundig wurde – also sich aus der latenten eine konkrete Gefahr entwickelt hat – liegt diese Annahme nahe, hat doch beispielsweise der Verfassungsschutz besagten Vorfeldauftrag (vgl. BVerfGE 120, 274: 330).

4.1.3 Codierung von Gefahren im Straf- und Spezialrecht

Anders als bei dem oben genannten Beispiel eines Emissärs, bei dem die abstrakte Gefahr erst als konkrete wahrgenommen werden konnte, als die Strafverfolgungsbehörden in die Lage versetzt wurden, sie als solche identifizieren, sanktioniert der Staat durchaus auch ihm bereits bekanntes, explizit legales Verhalten in grundrechtsintensiver Weise, wie die weiteren Ausführungen verdeutlichen werden.

Wie bereits festgestellt wurde, sind Spionage, Sabotage und Einflussnahme allesamt Ausprägungen von Agententätigkeiten (vgl. Abschnitt 3.1). Während den ersten beiden Handlungsdimensionen in allen Fällen eine fundamentale Strafrechtsrelevanz innewohnt (vgl. Möllers 2018c: 1905; vgl. Möllers 2018c: 2128), wird die nachrichtendienstliche Einflussnahme durch oder für eine fremde Macht, die auch rechtskonform ausgestaltet werden kann, nicht als eigener Straftatbestand geführt. Jedoch ist sie vom gesetzlichen Auftrag der für Spionageabwehr zuständigen deutschen Behörden umfasst und kann durch den Staat per grundrechtsintensiven Erhebungseingriffen sanktioniert werden, ohne dass die polizeiliche Gefahrenschwelle jemals überschritten werden muss. Laut

BVerfSchG können nämlich *„Instrumente zur heimlichen Informationsbeschaffung, wie [der] Einsatz von [...] Observationen“* (§ 8 Abs. 2 S. 1 BVerfSchG) u. a. durch das BfV bemüht werden, um seine gesetzlichen Aufgaben zu erfüllen, welche u. a. darin besteht, *„geheimdienstliche Tätigkeiten [...] für eine fremde Macht“* (§ 3 Abs. 1 Nr. 2 BVerfSchG) abzuwehren. Insofern betreibt der deutsche Exekutivstaat ein Sanktionsmodell für Aktivitäten im Gefahrenvorfeld. Die Normen des StGB, welche Spionage- und Sabotageakte behandeln, sind der Tabelle 4.1 zu entnehmen.

Gemäß des Staatsschutzprinzips (vgl. § 5 Nr. 4, 5 StGB) sind alle Straftaten gemäß §§ 94 bis 100a, 109 bis 109h StGB auch dann strafbar, wenn sie im Ausland begangen werden. Auf Agententätigkeiten zu Sabotagezwecken gemäß § 87 StGB trifft dies nicht zu. Alle Strafrechtsnormen im Kontext der Spionage entsprechen gemäß ihrer Tatbestandsmerkmale der Definition von Emissärinnen und Emissären, in dem Sinne, dass sie eine sicherheitsgefährdende oder geheimdienstliche Tätigkeit (für eine fremde Macht) beschreiben, welche die nationalen Interessen Deutschlands beeinträchtigt. Auf Sabotage trifft dies nur in drei Fällen zu, da die Mehrzahl der codierten Sabotageakte einen ausländischen Hintergrund nicht bedingen. Die vom BKA so definierten Straftaten gegen die Landesverteidigung (vgl. BKA 2020: 5) beinhalten Straftaten, die sekundär ebenfalls in die Spionage- oder Sabotage-Kategorie fallen.

Das BKA führt die Zentraldatei „SpioTec Z ST 23 Spionage Proli“ mit einer Liste von Straftaten, welche unter die Kategorie KPMD-PMK fallen und in der Tabelle 4.1 entsprechend gekennzeichnet sind. Diese Liste ist jedoch nicht abschließend, da jede politisch motivierte Straftat mit dem Verdacht eines nachrichtendienstlichen Zusammenhangs, wie z. B. der „Tiergartenmord“, in diese Zentraldatei einfließt – sogenannte unechte Staatsschutzdelikte (vgl. BKA 2020: 5). Folglich könnte jede politisch motivierte Straftat, sowie jedes Vergehen und jede Ordnungswidrigkeit potenziell auf das Handeln einer fremden Macht zurückzuführen sein. Insofern handelt es sich bei emissarischer Devianz um ein Kontrolldelikt, da ihre Registrierung als staatliche Kriminalität erheblich vom Ermittlungserfolg der Strafverfolgungsbehörden abhängig ist (vgl. Singelnstein/Kunz 2021: 286 f.). Eine Verdachtsberichterstattung der Süddeutschen Zeitung im Kontext des Israel-Palästina-Konfliktes legt nahe, dass eine mutmaßlich antisemitisch motivierte Sachbeschädigung in Frankreich womöglich auf eine Einflussoperation Russlands zurückzuführen sein könnte (vgl. Meiler 2023). Zwar wäre nach deutschem Recht (in der Theorie) nicht die mutmaßliche Einflussnahmehandlung per se strafbewehrt (vgl. Warg 2023: 64 f.), jedoch würde die

Tabelle 4.1 Straftatbestände im Kontext von Spionage, Sabotage und Einflussnahme gemäß StGB

Strafnorm	PKS* 2022	KPMD-PMK**	ED***		
			A	B	C
Spionage					
§ 93 – Begriff des Staatsgeheimnisses	*keine Relevanz*				
§ 94 – Landesverrat		X	X		
§ 95 – Offenbaren von Staatsgeheimnissen		X	X		
§ 96 – Landesverräterische Ausspähung; Auskundschaften von Staatsgeheimnissen		X	X		
§ 97 – Preisgabe von Staatsgeheimnissen		X	X		
§ 97a – Verrat illegaler Geheimnisse		X	X		
§ 97b – Verrat in irriger Annahme eines illegalen Geheimnisses		X	X		
§ 98 – Landesverräterische Agententätigkeit		X	X		
§ 99 – Geheimdienstliche Agententätigkeit		X	X		
§ 100 – Friedensgefährdende Beziehungen		X	X		
§ 100a – Landesverräterische Fälschung		X	X		
§ 101 – Nebenfolgen	*keine Relevanz*				
§ 101a – Einziehung	*keine Relevanz*				
Sabotage (laut BKA 2020 nur § 87 StGB)					
§ 87– Agententätigkeit zu Sabotagezwecken		X		X	
§ 88 – Verfassungsfeindliche Sabotage		X			

(Fortsetzung)

Tabelle 4.1 (Fortsetzung)

Strafnorm	PKS* 2022	KPMD-PMK**	ED***		
			A	B	C
§ 109e – Sabotagehandlungen an Verteidigungsmitteln	*siehe unten*				
§ 303b – Computersabotage	X				
§ 316b – Störung öffentlicher Betriebe	X				
§ 316c – Angriffe auf den Luft- und Seeverkehr	X				
§ 317 – Störung von Telekommunikationsanlagen	X				
§ 318 – Beschädigung wichtiger Anlagen	X				
Straftaten gegen die Landesverteidigung					
§ 109 – Wehrpflichtentziehung durch Verstümmelung		X			
§ 109a – Wehrpflichtentziehung durch Täuschung		X			
§ 109d – Störpropaganda gegen die Bundeswehr		X		X	
§ 109e – Sabotagehandlungen an Verteidigungsmitteln		X		X	
§ 109f – Sicherheitsgefährdender Nachrichtendienst		X	X		
§ 109 g – Sicherheitsgefährdendes Abbilden		X	X		
§ 109h – Anwerben für fremden Wehrdienst		X	X		

* Polizeiliche Kriminalstatistik 2022
** Kriminalpolizeilicher Meldedienst politisch motivierte Kriminalität
*** Emissarische Devianz: Spionage (A), Sabotage (B) und Einflussnahme (C)
Quelle: Eigene Darstellung gemäß BKA 2023a; Möllers 2018a: 2128; BKA 2020: 5; Möllers 2018c: 1905

Sachbeschädigung als unechtes Staatsschutzdelikt in die oben genannte Zentraldatei des BKA einfließen, obwohl es sich bei ihr nicht originär um ein emissarisches Delikt handelt.

Augenfällig ist die statistische Aufarbeitung der in Tabelle 4.1 dargestellten Delikte. Während ordinäre Computersabotage gemäß § 303b StGB im Regelfall in der PKS ausgewiesen wird (vgl. BKA 2023a), gestaltet sich die Falldarstellung wesentlich intransparenter, wenn sich hinter besagter Sabotage eine Aktivität für einen fremden Nachrichtendienst verbirgt. Während die Behörde für die PKS detaillierte Tabellen zur Verfügung stellen, aus denen z. B. die Zahl der angezeigten Delikte hervorgeht, werden Zahlen zu politisch motivierter Kriminalität gemeinsam mit dem Bundesministerium des Innern (BMI) unter den Kategorien „*rechts*", „*links*", „*ausländische Ideologie*", „*religiöse Ideologie*" und „*nicht zuzuordnen*" zusammengefasst und lediglich gebündelt veröffentlicht (vgl. BMI/BKA 2023). Die Einsicht konkreter Deliktzahlen, gar Rückschlüsse auf nachrichtendienstlich konnotierte Aktivitäten fremder Mächte, werden (ohne jede Begründung von behördlicher Seite) nicht ermöglicht. Unklar bleibt beispielsweise, unter welche Kategorie die hier besprochene, antisemitische Sachbeschädigung in Frankreich fallen würde. Damit mag das erklärte Ziel hinter der KPMD-PMK, u. a. eine „*Datenbasis für Auswertung, statistische Aussagen [und] Kriminologisch-soziologische Forschung*" (BKA 2020: 4) darzustellen zumindest in der Binnenlogik der Gefahrenabwehrbehörden und deren jeweiligen Fachaufsichtsstellen aufgehen. Auch das BAMAD, das jährlich über Verdachtsfälle in der Bundeswehr berichtet, tut dies nur im Bereich des politischen oder religiösen Extremismus gemäß § 1 Abs. 1 Nr. 1 MADG, nicht jedoch beim Verdacht sicherheitsgefährdender oder geheimdienstlicher Tätigkeiten gemäß § 1 Abs. 1 Nr. 2 MADG.[6] Für die unabhängige wissenschaftliche Forschung sind die verfügbaren Veröffentlichungen im Bereich der politisch motivierten (staatlichen) Kriminalität ungenügend.

4.2 Die Ubiquität emissarischer Devianz

Es existieren kaum öffentlich verfügbare behördliche Daten zu dem hier besprochenen Devianzphänomen. Die aktuellste Erhebung stammt von einer Forschungseinrichtung des Verteidigungsministeriums der USA, welche Spionage(-Vorhaben) gegen das Land durch eigene Staatsbürgerinnen und Staatsbürger

[6] Der Anhang B „Aufgenommene Verdachtsfallbearbeitungen des BAMAD nach Phänomenbereichen im Jahr 2022" steht als elektronisches Zusatzmaterial zur Verfügung.

zwischen den Jahren 1947 und 2001 untersuchte (vgl. Herbig/Wiskoff 2002). Ihr gingen zwei weitere Untersuchungen voraus (vgl. Jepson 1988; Wood/ Wiskoff 1992). Alle Berichte waren kriminalpolitischer Natur und entstanden im Auftrag öffentlicher Stellen. Nach Erachten des Autors existieren keine (vergleichbar umfänglichen oder aktuelleren) empirischen Untersuchungen im deutsch- oder englischsprachigen Raum, die öffentlich zugänglich sind. Die vorgenannten Analysen umfassten 54 (Jepson), 117 (Wood/Wiskoff) und 150 (Herbig/Wiskoff) Personenfälle im Zusammenhang mit Spionage mit dem Ziel, allgemeingültige Aussagen über Tatbegehende treffen zu können. Obwohl die in Tabelle 4.2 dargestellten Forschungsergebnisse[7] Sabotage und Einflussnahme nicht einschließen, Agententätigkeiten also nur partiell betrachtet werden, sind bedeutsame Rückschlüsse auf die Frage der Rekrutierung von Emissärinnen und Emissären und auf mögliche Motivationen für ihr Handeln zu ziehen.

Gemäß den Erhebungen sind die betroffenen Personen im Durchschnitt männlich, nach äußeren Faktoren ethnisch der Mehrheitsgesellschaft zuzuordnen (hier: weiß bzw. *caucasian*), gebürtige Staatsbürger (hier: US-Amerikaner), zu Beginn ihrer devianten Aktivitäten in den späten Zwanzigern oder frühen Dreißigern, haben einen weiterführenden Bildungsabschluss (hier: High School), sind verheiratet und heterosexuell. Erwartungsgemäß kommen diese Spione, womöglich aufgrund von Zugängen und Fähigkeiten, mehrheitlich aus den Bereichen Kommunikationstechnik und Nachrichtendienstwesen (G1). Mit geringem Abstand folgen darauf die Gruppen der allgemeinen (technischen) Berufe (G2), wie z. B. Logistik und Sicherheitsmanagement und die wissenschaftlichen und Spezialprofessionen (G3), beispielsweise politische Analyse oder das Ingenieurswesen. Zumindest die letzten beiden Gruppen qualifizieren sich als „ordinäre" Berufsgruppen, was sich mit der Einschätzung van Berghs deckt, nach welcher Spioninnen und Spione, mutmaßlich der Tarnung halber, unauffälligen Erwerbstätigkeiten und Lebensstilen nachgehen (vgl. 1965: 42).

Zu Erkenntnissen über Verbindungen ins Ausland ist keine belastbare Aussage zu treffen, da in allen drei Studien unterschiedliche Aussagen darüber getroffen wurden, was darunter zu verstehen ist. Jepson fasste darunter beispielsweise ausländische Lebenspartnerinnen und -partner (vgl. 1988: 3, zitiert nach Herbig/ Wiskoff 2002). Für Wood/Wiskoff waren bereits Verwandte im Ausland ausreichend, um von Auslandsverbindungen auszugehen (vgl. 1992: 4 f.). Herbig/ Wiskoff fassten den Faktor am weitesten und verstanden unter *foreign attachments* einen Migrationshintergrund und damit einhergehend auch ausländische

[7] Alle Prozentzahlen in dieser Arbeit wurden anhand der ersten Nachkommastelle auf- (> 5) oder abgerundet (< 5).

Tabelle 4.2 Erkenntnisse über Spionierende zwischen 1988–2002 (in Prozent)

Attribut	Jepson		Wood/Wiskoff		Herbig/Wiskoff	
Geschlecht	Männlich	100	Männlich	92	Männlich	93
	Weiblich	0	Weiblich	8	Weiblich	7
	n = 54		n = 117		n = 150	
Ethnie	–/–		Weiß	92	Weiß	84
			Schwarz	6	Schwarz	6
			Sonstige	2	Hispanisch	5
			n = 117		Sonstige	5
					n = 141	
Staatsangehörigkeit	–/–		US (gebürtig)	87	US (gebürtig)	83
			US (eingebürgert)	13	US (eingebürgert)	17
			n = 117		n = 148	
Alter zu Beginn (in Jahren)	–/–		Durchschnitt	28,5	Durchschnitt	32
			Spanne	18–69	Spanne	–/–
			n = 116		n = 147	
Höchster Abschluss (Bildung in Jahren)	High School	50	Ohne (10)	9	Ohne (10)	7
	College	25	High School (12)	40	High School (12)	39
	Unbekannt	25	College (14)	20	College (14)	20
	n = 54		Bachelor (16)	20	Bachelor (16)	20
			Master/höher (18)	11	Master/höher (18)	14
			n = 114		n = 133	
Familienstand	Verheiratet	50	Verheiratet	56	Verheiratet	57
	Unbekannt	50	Ledig	34	Ledig	33
	n = 54		Getrennt oder geschieden	10	Getrennt oder geschieden	10
			n = 115		n = 140	
Sexuelle Orientierung	–/–		Heterosexuell	74	Heterosexuell	95
			Homosexuell	5	Homosexuell	5
			Unbekannt	21	n = 116	

(Fortsetzung)

Tabelle 4.2 (Fortsetzung)

Attribut	Jepson		Wood/Wiskoff		Herbig/Wiskoff	
			n = 117			
Verbindungen ins Ausland	Ja	30	Ja	62	Ja	44
	Nein	70	Nein	38	Nein / unbekannt	56
	n = 54		n = 66		n = 150	
Militärzugehörig	–/–		Ja	52	Ja	49
			Nein	48	Nein	51
			n = 117		n = 150	
Okkupation[8] (in Gruppen)	–/–		Komm./ND (G1)	30	Komm./ND (G1)	33
			Allg./Tech. (G2)	26	Allg./Tech. (G2)	26
			Wiss./Spez. (G3)	21	Wiss./Spez. (G3)	18
			Sup./Verw. (G4)	15	Sup./Verw. (G4)	16
			Sonstige (G5)	8	Sonstige (G5)	7
			n = 116		n = 148	

Quelle: Eigene Darstellung gemäß Jepson 1988 zitiert nach Herbig/Wiskoff 2002: 3; Wood/Wiskoff 1992: 8; Herbig/Wiskoff 2002: 17 ff.

Personenverbindungen außerhalb von und in den USA (persönlicher und professioneller Natur) oder auch Geschäftsbeziehungen ins Ausland (vgl. 2002: XIII). Zudem ist bei sehr enger (Jepson 1988) und sehr weiter (Herbig/Wiskoff 2002) Auslegung dieses Begriffs ein positiver Wert von 30 bzw. 44 Prozent festzustellen, bei mittlerer Auslegung (Verwandtschaftsbeziehungen ins Ausland, Wood/Wiskoff 1992) jedoch ein relativ hoher Wert von 62 Prozent, was die Aussagekraft

[8] Beschäftigte in den Bereichen: **Kommunikationstechnik/Nachrichtendienstwesen** (Nachrichtendienstpersonal, Funk, Kryptografie, Radar, Sonar, Signal Intelligence, Kommunikationsanalyse, Übersetzung); **Allgemein/Technik** (Militärausbildung, Logistik, Besatzungsmitglieder, Mechanik, Lebensmittel, Wachdienst, Labortechnik); **Wissenschaft/Spezialprofession** (Ingenieurwesen, Mathematik, politische und wirtschaftliche Analyse, Chemie, Militärpersonal); **Funktionsunterstützung/Verwaltung** (Personalwesen, Büroangestellte, Buchhaltung, Computerfachpersonal, Sekretariat, Verwaltungsassistenz, Kurierdienst); **Sonstige** (Arbeitslose, Studierende, Geschäftsleute, Ruhestand) (vgl. Wood/Wiskoff 1992: 9).

dieses Attributs noch weiter in Frage stellt. Fest steht jedoch, dass eingebürgerte Personen, die Spionageaktivitäten für eine fremde Macht nachgingen, in den Studien signifikant überrepräsentiert waren: Bei der aktuellsten der drei Untersuchungen stehen die mit 17 Prozent berechneten Spioninnen und Spione, bei denen es sich um Eingebürgerte handelt, einer Zahl von 3,8 Prozent *naturalized citizens* in der Gesamtbevölkerung gegenüber (vgl. Herbig/Wiskoff 2002: 18).

Die Frage nach der Militärzugehörigkeit der Befragten zielt womöglich weniger auf die Okkupation selbst ab und ist vermutlich auf den Umstand zurückzuführen, dass Spionage regelmäßig eher außen- und sicherheitspolitisch als innenpolitisch konnotiert ist: Die relevanten Abschnitte im StGB lauten „*Landesverrat und Gefährdung der äußeren Sicherheit*" (§§ 93-101a) und „*Straftaten gegen die Landesverteidigung*" (§§ 109-109k); Teil des vollständigen Titels des oben erwähnten *Espionage Act* (vgl. Abschnitt 1.3) in den USA lautet „*an Act to punish acts of interference with the foreign relations, and the foreign commerce of the United States [and] to punish espionage […]*". Insofern erscheint diese Unterscheidung nur auf Seiten der Fragenstellenden relevant zu sein bzw. insofern den Spionageaktivitäten eine (bevorstehende) kriegerische Auseinandersetzung zugrunde liegen – zumal die Zahl der Zivilistinnen und Zivilisten und Militärzugehörigen halbpart verteilt ist und es sich dabei nicht um einen ausschlaggebenden Faktor zu handeln scheint.

Mit Ausnahme der beruflichen Tätigkeit kommt demnach nahezu jede der Mehrheitsgesellschaft zugehörige Person eines Landes für Spionage gegen dasselbe in Frage. Neben den demographischen Daten sind auch die Rahmenfaktoren (vgl. Abbildung 4.2) und Motivationen (vgl. Abbildung 4.3) für Spionageaktivitäten von Relevanz.

Nahezu alle Personen gehen zu Beginn ihrer Spionageaktivitäten einer Erwerbstätigkeit nach. Damit kommt den unter Tabelle 4.2 genannten Okkupationen (G1-G5) eine dementsprechend hohe Bedeutung zu. Die Mehrheit der ausgezahlten Geldbeträge beliefen sich auf zwischen Zehntausend bis Einhunderttausend US-Dollar. Sie wird jedoch überstiegen von der Vielzahl an unentgeltlicher Spionage, welche sich auf 49 Prozent beläuft (nicht abgebildet, vgl. Wood/Wiskoff 1992: 55). Letztgenannter Umstand könnte mit der hohen Zahl an Selbstanbieterinnen und Selbstanbietern korrelieren, welche bei über 60 Prozent aller Betroffenen liegt. Daneben scheint auch der Missbrauch von Rauschmitteln eine Auswirkung auf die Bereitschaft zur Spionage zu haben – denn neben finanziellen Erwägungen eignet sich auch Suchtverhalten z. B. als sogenanntes Kompromat, also ein „*[Druckmittel], um Personen zu einer Zusammenarbeit mit Geheimdiensten zu bewegen*" (BfV 2014a: 27). Außerdem erscheinen die Emissärinnen und Emissäre mit der höchsten Sicherheitsfreigabe von besonderem Interesse: Streng

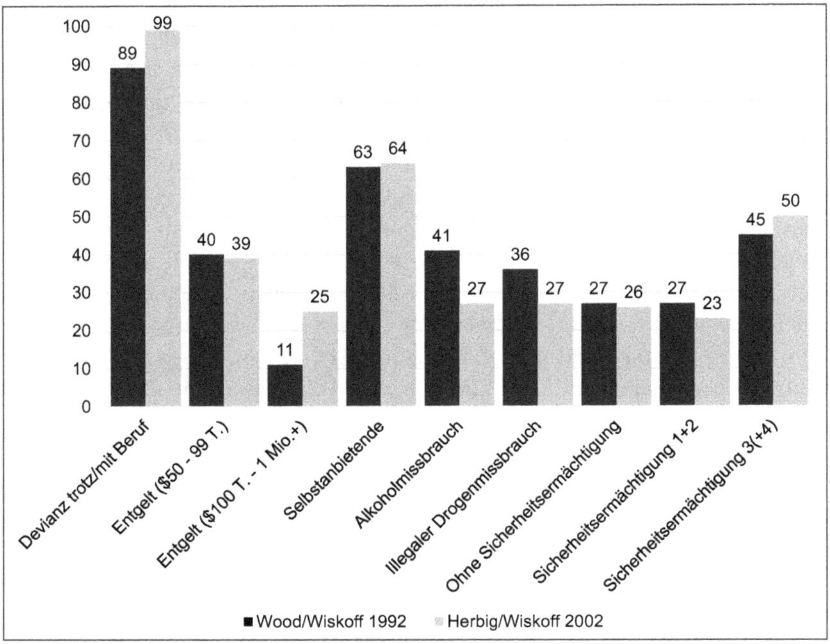

Abbildung 4.2 Rahmenfaktoren der Spionageaktivitäten (in Prozent). (Quelle: Eigene Darstellung gemäß Wood/Wiskoff 1992: 8 ff.; Herbig/Wiskoff 2002: 17 ff.)

Geheim und darüberhinausgehende Sicherheitsermächtigungen hatten in beiden Studien über 45 Prozent aller Spionierenden.[9]

Dass eine Verbindung zwischen der Sicherheitsermächtigung und der Summe der monetären Vergütung besteht, ist nicht belegt. Dennoch ist Geld, unabhängig von der Summe, in beiden Studien mit jeweils über 50 Prozent die größte Einzelmotivation:

Sofern multiple Motivationen zur Auswahl standen, war Geld sogar mit bis zu 91 Prozent ausschlaggebend für die Bereitschaft zur Spionage (vgl. Herbig/

[9] Vergleich von deutschen und US-amerikanischen Geheimhaltungsgraden: Stufe 1 (*Confidential*, Vertraulich), Stufe 2 (*Secret*, Geheim), Stufe 3 (*Top Secret*, Streng Geheim), Stufe 4 (*Top Secret SCI/Sensitive Compartmented Information*, keine vergleichbare Kategorie). Der in Deutschland niedrigste Grad „Nur für den Dienstgebrauch" existiert in den USA nicht, weshalb „Vertraulich" dort die niedrigste Stufe darstellt. Der international sonst gebräuchliche Grad *Restricted* findet dort keine Verwendung (vgl. BMI 2019).

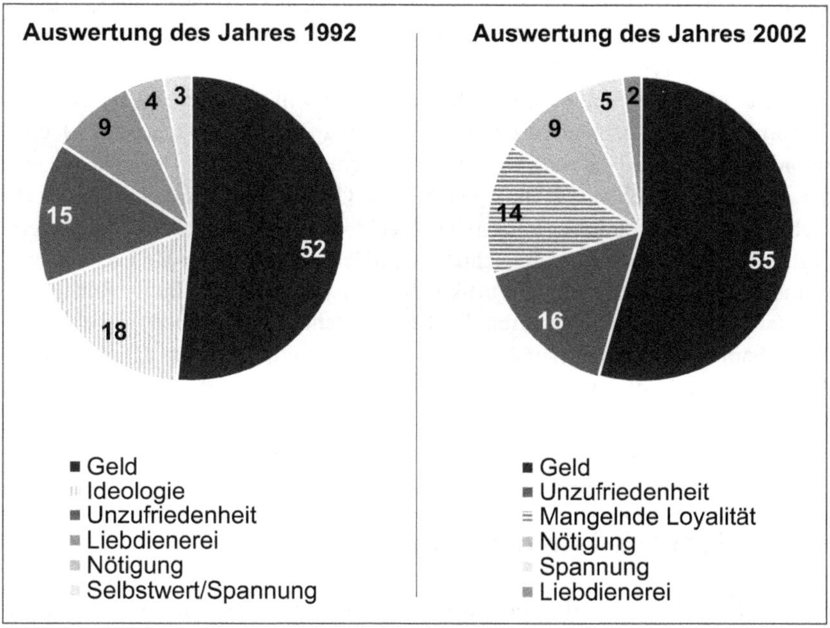

Abbildung 4.3 Primäre Motivation für Spionage (singuläres Motiv, in Prozent). (Quelle: Eigene Darstellung gemäß Wood/Wiskoff 1992: 59; Herbig/Wiskoff 2002: 17 ff.)

Wiskoff 2002: 34). Zur aktuelleren Studie aus 2002 soll mit Blick auf Abbildung 4.3 erwähnt sein, dass der Punkt *„Ideologie"* aus 1992 wegen des Scheiterns des Sowjet-Kommunismus und dem damit einhergehenden vorläufigen Ende des binären Konflikts durch den Punkt der *„Mangelnden Loyalität"* ersetzt wurde; diese könne beispielsweise auch nationalistischen oder völkischen Erwägungen folgen (vgl. Herbig/Wiskoff 2002: 42).

Zuletzt ist bei inländischen Spioninnen und Spionen der angegebene Lebensumstand zu Beginn ihres devianten Verhaltens nennenswert. Die meisten Personen werden noch zur Zeit einer bestehenden beruflichen Okkupation als Spioninnen und Spione aktiv (vgl. Abbildung 4.2). Allerdings trifft dies auch auf ca. 14 Prozent der im Ruhestand befindlichen Personen zu (vgl. Wood/ Wiskoff 1992: 47). Keßler schreibt über das Phänomen der Straffälligkeit im Alter, dass Spionage in späten Lebensphasen *„keine Ausnahme"* (2005: 61 f.) sei. Keßler besteht hier jedoch auf einer empirisch nicht haltbaren Ansicht, da die hier untersuchten Studien nahelegen, dass vor allem Männer in einer deutlich jüngeren Altersklasse und im Beruf stehend für diese Form der Normabweichung in Frage kommen (vgl. Tabelle 4.2).

Diese Metaauswertung lässt zahlreiche Rückschlüsse auf inländische landesverräterische Agententätigkeiten im Auftrag fremder Mächte zu. Jedoch spionieren auch ausländische Personen für fremde Mächte in Deutschland, wie der Fall des vorgeblichen DDR-Flüchtlings Günter Guillaume zeigt, der tatsächlich als Gesandter dieser fremden Macht das Bundeskanzleramt infiltrierte (vgl. Michels 2013). Eine vergleichbar empirische Erhebung ausländischer Emissärinnen und Emissäre auf der Mikroebene, z. B. über straffällig gewordene, hauptamtliche Mitarbeitende fremder Nachrichtendienste existiert jedoch nicht. Diese Form der sicherheitsgefährdenden oder geheimdienstlichen Tätigkeiten findet jedoch auch oft strukturell, also auf den höheren soziologischen Ebenen statt. Die Implikationen dieser Form der Devianz für die Makro- und Mesoebene werden in den Abschnitte 7.2 und 7.3 ausführlich besprochen.

4.3 Sonderfall Romeomethode

Eine menschenverachtende Form der Akquisition von Agentinnen bzw. Agenten ist die Romeo- bzw. Venusfalle (vgl. Houben 2003: 254). Sie zielt vor allem auf den Motivator der Liebdienerei ab, welcher bei einer flächendeckenden Betrachtung von Sachverhalten nur den vierten (Wood/Wiskoff 1992: 59) und sechsten Platz (Herbig/Wiskoff 2002: 17 ff.) von insgesamt sechs möglichen Motivationslagen einnimmt (vgl. Abbildung 4.3).

Bei einem Romeoagenten bzw. einer Venusagentin handelt es sich um staatliche Gesandte, die eine Person (nachrichtendienstlich) anbahnen, um mit ihr ein Liebes- oder Eheverhältnis einzugehen. Ziel ist es, die entstandene Beziehung zu einem geeigneten Zeitpunkt für die Werbung der (ahnungslosen) Zielperson als Agentin bzw. Agent auszunutzen (vgl. BfV 2003a: 38; vgl. NJW 1996, 2940: 2943).

Wegen vergleichbarer Risiken der unzulässigen Einschränkung des Kernbereichs der persönlichen Lebensgestaltung wurde eine polizeiliche Befugnis (Einsatz von verdeckten Ermittlerinnen und Ermittlern) im mecklenburgvorpommerischen Polizeigesetz im Jahre 2022 durch das Bundesverfassungsgericht (BVerfG) verboten. Demnach sei es nicht nur *„absolut ausgeschlossen“* (ZD 2023: 347), dass verdeckt ermittelnde Polizeibedienstete Informationen aus dem Kernbereich selbst abschöpfen; auch die Gewinnung grundsätzlich verwertbarer Informationen unter Ausnutzung einer intimen Beziehung sei nicht zulässig (vgl. ZD 2023: 347). Die besondere Menschenverachtung der Romeo- bzw. Venusfalle kommt darin zum Ausdruck, dass es sich bei Faktoren wie (kirchlicher) Eheschließung, (unehelichem) Geschlechtsverkehr und der Zeugung von Kindern um intimste menschliche Angelegenheiten handelt (vgl. Houben 2003: 254). Sie kreieren für die Zielperson der liebdienerischen Anbahnung, anders als bei den anderen in Abschnitt 4.2 besprochenen Motivationslagen, zusätzliche lebensverändernde Kompromate. Das *Outing* intimster Geheimnisse durch eine fremde Macht kann, je nach gesellschaftlicher Ausgangslage – z. B. bei einer ungeplanten Schwangerschaft bei gleichzeitigem Abtreibungsverbot (vgl. Houben 2003: 288) – einen erheblichen persönlichen Schaden für die betroffene Zielpersonen bedeuten. In den übrigen Fällen ist eine solch destruktive Penetration der Intimsphäre nicht das erklärte Ziel der Maßnahme.

Eine seltene Auswertung von Hauptmotiven der (ausschließlich weiblichen) Zielpersonen in 18 Romeo-Fällen hat ergeben, dass Liebe nur in 16 Fällen (55 Prozent) ausschlaggebend für das schlussendliche Tätigwerden als Agentin für die Anbahnenden war, gefolgt von wirtschaftlichen Vorteilen. Bei letzterem ist im Kontext der Romeofalle allerdings zu unterscheiden zwischen dem Agentinnenlohn auf der einen Seite und non-monetären Zuwendungen, beispielsweise in Form von Luxusartikeln und Reisen, denn: „*Diese Art der materiellen Bezahlung haben manche Frauen nicht als solche erkannt. Für sie handelte es sich dabei um Aufmerksamkeiten ihrer Liebhaber*“ (Houben 2003: 287). Diese und weitere Faktoren für eine erfolgreiche Agentinnenanbahnung und subsequenten Kooperation sind der Abbildung 4.4 zu entnehmen.[10]

Diese Auswertung legt nahe, dass (in Anlehnung an die Erkenntnisse aus Abschnitt 4.2) wirtschaftliche Faktoren mit fünf Fällen (17 Prozent) auch im speziellen Rahmen der Liebdienerei einen zentralen Faktor darzustellen scheinen. Im Übrigen ist die geringe Rolle der Kompromate (0 Fälle) unter Abbildung 4.4 nicht fehlzuinterpretieren: sie war in keinem Fall eine Hauptmotivation für das initiale Tätigwerden, aber in zwei dokumentierten Fällen wurden Frauen gezielt geschwängert, um sie im Nachgang steuer- und erpressbar zu machen (vgl. Houben 2003: 288).

[10] Aufgrund der Möglichkeit von Mehrfachangaben haben 18 Personen insgesamt 29 Hauptmotive angegeben (daher: $n = 29$).

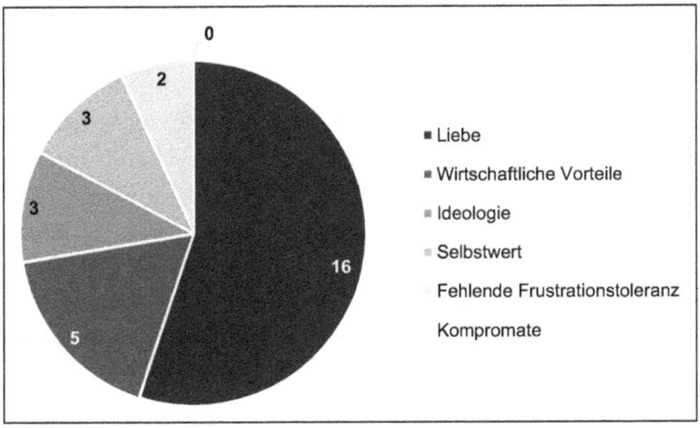

Abbildung 4.4 Motivationen für das Tätigwerden als Agentin eines Romeoagenten (inkl. Mehrfachangaben, in absoluten Zahlen). (Quelle: Eigene Darstellung gemäß Houben 2003: 286 ff.)

4.4 Emissarische Kriminalität in Deutschland seit 1967

Wie in Abschnitt 4.1.3 dargelegt, bleibt der Öffentlichkeit die Einsicht in detaillierte Untergliederungen des KPMD-PMK verwehrt. Jedoch veröffentlicht das BMI seit dem Jahr 1968 jährlich jene Publikation, die heute gemeinhin als Verfassungsschutzbericht bekannt ist und die zumindest teilweise Angaben enthält, welche der Datei „SpioTec Z ST 23 Spionage Proli" des BKA zu entnehmen sind. Damit handelt es sich auch um das einzige öffentliche Berichtsformat einer deutschen Gefahrenabwehrbehörde, welches durchgängig über die Zahl der staatlichen Interventionen – hier: Gerichtsurteile, Festnahmen und Ermittlungserfahren – im Bereich der emissarischen Kriminalität informiert. Die Abbildung 4.5 stellt diese Entwicklung seit der ersten Publikation des Verfassungsschutzberichtes dar. Dabei ist zu beachten, dass bis 1977 die Summe der Gerichtsurteile berichtet wurde, ab 1978 über die Zahl der Festnahmen und nach Vollendung der deutschen Wiedervereinigung im Jahre 1990 auch über die der eingeleiteten Ermittlungsverfahren im Berichtsjahr.[11]

[11] Der Anhang C „Tabellarische Detailansicht mit Quellenangaben zur Abbildung 4.5 (inkl. Quellenangaben)" steht als elektronisches Zusatzmaterial zur Verfügung.

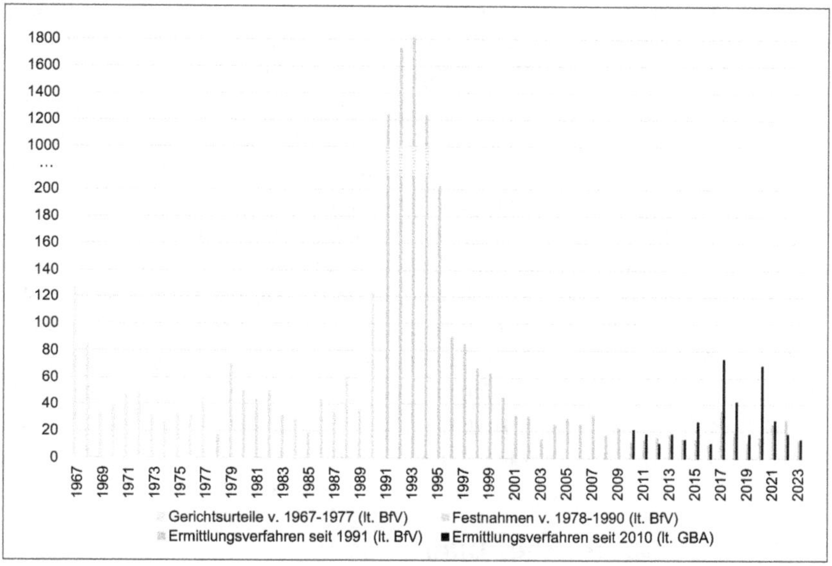

Abbildung 4.5 Staatliche Interventionen im Zusammenhang mit Agententätigkeiten zwischen den Jahren 1967–2023 (in absoluten Zahlen). (Quelle: Eigene Darstellung gemäß der Verfassungsschutzberichte 1967–2022 des BfV (vgl. Quellenangaben im Anhang C), gemäß GBA 2010–2023 (vgl. BT-Drs. 20/8397: 2))

Die Zahl der staatlichen Interventionen befindet sich seit der Dokumentation durch das BfV gemäß der Abbildung 4.5, mit wenigen Ausnahmen, im unteren bis mittleren zweistelligen Bereich. Ein singulärer exponentieller Anstieg der Zahlen ist in den Berichtsjahren 1991–1994 zu verzeichnen, welchen das BfV auf den durch den Zusammenbruch der ehemaligen DDR bedingten Zugriff auf Unterlagen des vormaligen nachrichtendienstlichen Antagonisten MfS zurückführt: „*Seither wird deutlich, in welchem Ausmaß und mit welcher Konsequenz dieser Apparat Informationen gesammelt und […] dokumentiert hat*" (BfV 1992: 182). Aus der dortigen Aktenlage haben sich u. a. zahlreiche Hinweise auf nachrichtendienstliche Aufklärungsinteressen der ehemaligen DDR, aber auch auf konkrete Agententätigkeiten ergeben, welche durch den Verfassungsschutz an die Strafverfolgungsbehörden übergeben werden konnten (vgl. BfV 1992: 182 f.).

Eine statistische Erfassung des Phänomens durch den Generalbundesanwalt beim Bundesgerichtshof (GBA) findet erst seit 2010 statt (vgl. BT-Drs. 20/8397:

2).[12] Die Angaben über eingeleitete Ermittlungsverfahren von BfV und GBA weichen (mit Ausnahme des Berichtsjahrs 2014) teilweise signifikant voneinander ab (vgl. Abbildung 4.5). Ein möglicher Grund dafür ist, dass der GBA eine andere Berechnungsgrundlage als das BfV verwendet, und zwar die Summe der Ermittlungsverfahren nach §§ 87, 94 bis 101a StGB (vgl. BT-Drs. 20/8397: 2). Da das BfV im Verfassungsschutzbericht nicht oder nur teilweise offenlegt, welche für die Spionageabwehr relevanten Ermittlungsverfahren es zählt, ist eine abschließende Beurteilung für den Grund der Differenzen nicht möglich.[13] Es wird nicht erklärt, aus welchen Gründen der Nachrichtendienst nicht die gleichen „*geheimdienstliche[n] Agententätigkeiten und verwandte[n] Delikte*" (BT-Drs. 20/8397: 2) wie der GBA zählt – und wenn doch, weshalb er andere Zahlen ausweist als dieser. Fest steht, dass die nachgeordneten Behörden der Bundesregierung zunächst seltene, sodann aber widersprüchliche bzw. unpräzise öffentliche Angaben über die fragliche Deliktsform tätigen, was dem Zweck kriminologischer und kriminalpolitischer Analysen nicht zuträglich ist.

4.4.1 Deliktspezifisches Dunkelfeld

Dieser statistischen Entwicklung wohnen zwei Paradoxien inne. Auf der einen Seite besagt das sogenannte **Kontrollparadoxon**, dass je höher die Sensibilität für ein Kriminalitätsphänomen ist und je besser das Kontrollumfeld infolge der Etablierung von Kontrolloptionen gestaltet ist, mehr Deliktverstöße entdeckt werden, das Dunkelfeld aufgehellt wird und es zu einer Zunahme von registrierten Verstößen kommt (vgl. Löhr/Burkatzki 2008: 114 f.). Naturgemäß war die Sensibilität für Agententätigkeiten, vor allem im geteilten Deutschland, zur Zeit des Kalten Krieges sehr hoch. Der Zugriff auf die staatlichen Einrichtungen der ehemaligen DDR stellt dabei ein nahezu absolutes Kontrollumfeld dar.

Auf der anderen Seite hat die einmalige Möglichkeit zur massenhaften polizeilichen Aufklärung dieses Gefahrenphänomens aufgezeigt, wie groß das tatsächliche Dunkelfeld ist bzw. zumindest zur Zeit des Bestehens der DDR gewesen sein muss. Das **Aufklärungsparadoxon** beschreibt ebendieses Phänomen: Die inverse Beziehung zwischen der polizeilichen Aufklärungsquote und

[12] Laut GBA wurden im Zeitraum zwischen 2010 und 2023 im Übrigen 37 Personen (rechtskräftig) verurteilt (vgl. BT-Drs. 20/8397: 2).

[13] Der Anhang C „Tabellarische Detailansicht mit Quellenangaben zur Abbildung 4.5 (inkl. Quellenangaben)" steht als elektronisches Zusatzmaterial zur Verfügung.

dem tatsächlichen Dunkelfeld besteht darin, dass mit steigender Aufklärungsquote das unentdeckte Kriminalitätspotenzial, das Dunkelfeld, tendenziell wächst (vgl. Kreuzer 1994: 10; ähnlich Singelnstein/Kunz 2021: 243). Insofern war die deutsche Wiedervereinigung (soweit dokumentiert) die bisher einzige und gleichzeitig bedeutungsvollste Gelegenheit für Dunkelfeldforschung im Bereich der emissarischen Devianz bzw. Kriminalität.

Die zahlenmäßige Differenz der erfassten Fälle zwischen 1990 und 1991 (Anstieg um 1016 Prozent) sowie zwischen 1994 und 1995 (Rückgang um 609 Prozent) zeigt einzigartig auf, wie groß die Diskrepanz zwischen dem Hellfeld und dem deliktspezifischen Dunkelfeld sein könnte.[14] Die polizeilichen Angaben über die fraglichen Deliktsformen im Hellfeld sind, sofern öffentlich, seit jeher auf niedrigem Niveau. Es ist anzunehmen, dass fremde, vor allem sowjetische, Nachrichtendienste ab dem massenhaften Bekanntwerden ihrer Tätigkeiten ihre Maßnahmen zunächst heruntergefahren oder modifiziert haben, um von den deutschen Gefahrenabwehrbehörden nicht identifiziert und verfolgt zu werden.

Laut Bundesregierung seien die Rückgänge der Personenspeicherungen in der polizeilichen Staatsschutzdatei für dieses Deliktfeld nur auf datenschutzrechtlich bedingte Löschungen zurückzuführen (vgl. BT-Drs. 19/1148: 9), nicht etwa auf eine tatsächliche Abnahme der Deliktzahlen. Es ist davon auszugehen, dass die aktuelle Dunkelziffer den Höchststand aus dem Jahr 1993 übertrifft, denn wie der Präsident des BfV bei einer parlamentarischen Anhörung warnte: „*Spionage in Deutschland hat ein Niveau erreicht, wie wir das seit Zeiten des Kalten Krieges nicht mehr gesehen haben*“ (Haldenwang 2019: 02:42: 51). Dass die Zahlen des BfV über die eingeleiteten Ermittlungsverfahren seit dem Zeitpunkt dieser Aussage auf historisch niedrigem Niveau sind, steht dazu im starken Widerspruch. Dafür gibt es jedoch vier erwägbare Gründe. Erstens könnte es sein, dass fremde Nachrichtendienste in Deutschland ihre Aktivitäten erfolgreich vor der inländischen Spionageabwehr abschirmen. Hierzu gibt es keine öffentlich verfügbaren Daten. Zweitens kommt in Betracht, dass die Aktivitäten verstärkt durch staatliche Akteurinnen und Akteure durchgeführt werden, z. B. durch diplomatisches Personal, welches Immunität vor strafrechtlicher Verfolgung genießt. Diese können durch die Bundesregierung gemäß Art. 23 WÜD wegen geheimdienstlicher

---

[14] Wie in diesem Kapitel bereits erwähnt wurde, ist bis 1990 die Zahl der Festnahmen dokumentiert, danach die Zahl der eingeleiteten Ermittlungsverfahren. Die dem Anstieg zugrundeliegenden Fallahlen der Jahre 1990 und 1991 sind also nur bedingt vergleichbar. Dem Rückgang der Fallzahlen zwischen 1994 und 1995 wiederum liegt die einheitliche Bemessung der Ermittlungsverfahren in beiden Jahren zugrunde.

Agententätigkeiten zwar zu *Personae non gratae* erklärt werden (vgl. Pawlowsky 2023), jedoch werden dieses Vorgehen und die individuellen Begründungen für jede Ausweisung von der Bundesregierung nicht statistisch erfasst und nur im Einzelfall beauskunftet (vgl. BT-Drs. 20/5121: 2 ff.; vgl. BT-Drs. 19/3561: 1 f.; vgl. BT-Drs. 20/9502: 1). Drittens ist die Instrumentalisierung des sogenannten Präventionsparadoxons durch Haldenwang zu erwägen. Dieses besteht darin, unbegründete Sicherheitsbedürfnisse der Bevölkerung hervorzurufen, indem man das potenzielle Risiko durch eine latente oder abstrakte Gefahr (über-)betont, und gleichzeitig verspricht, dieses Risiko einzudämmen oder sogar abzuwehren (vgl. Zabel 2018: 55 ff.). So könnten Leiterinnen und Leiter von Sicherheitsbehörden beispielsweise auch die Forderung nach mehr oder weitergehenden (nachrichtendienstlichen) Befugnissen rechtfertigen. Diese Annahme unterstellt jedoch, abgesehen von einer Irreführung der Öffentlichkeit, dass die Gefahr für Deutschland durch fremde Mächte nicht auf einem hohen Niveau sei, wovon angesichts zahlreicher internationaler (System-)Konflikte nicht auszugehen sein dürfte. Viertens könnte eine taktisch bedingte aktive Duldung nachrichtendienstlicher Devianz durch die nationalen Sicherheitsbehörden in Frage kommen. Dem passiven Duldungshabitus, wie ihn die Kriminologie vor allem aus dem Bereich der häuslichen Gewalt kennt, liegt die Theorie der erlernten Hilflosigkeit zugrunde. Demnach führt die wiederholte Erfahrung, Viktimisierung nicht abwehren zu können, zu einer Traumatisierung und der Entwicklung einer Opferidentität bei der geschädigten Partei (vgl. Singelnstein/Kunz 2021: 294). Die Effekte einer Traumalehre treffen auf den deutschen Staat als Makro-Akteur naturgemäß nicht zu, zumal eine passive Duldung von Gefahren im Widerspruch zu den gesetzlichen Aufträgen der zuständigen Gefahrenabwehrbehörden stünde und in letzter Konsequenz auch dem Rechtsstaatsprinzip aus Art. 20 Abs. 3 GG. Die möglichen Motivationen des Staates für die taktische und aktive Duldung emissarischen Devianzverhaltens werden im Abschnitt 8.3 diskutiert.

4.4.2 Viktimisierungsangst in Deutschland

Den einzigen Überblick über die (kollektive) Viktimisierungsangst in Deutschland vor dieser Form der Devianz bieten Meinungsumfragen von Forschungsinstituten – oft vor dem Hintergrund großer zeitgeschichtlicher Ereignisse. Auf die Frage, ob Befragte in Sorge darüber sind, von der 2013 bekannt gewordenen globalen Spionage des US-Nachrichtendienstes National Security Agency (NSA) betroffen zu sein, gaben 40 Prozent an Angst zu haben, dass US-Nachrichtendienste ihre Telefonate abhören und E-Mails mitlesen. 56 Prozent der

Befragten machten sich keine Sorgen darüber.[15] Vor dem Hintergrund der Sprengung der Nordstream Pipelines im Jahre 2022 gaben 59 Prozent der Befragten an, dass die Gefahr durch russische Sabotage in Deutschland groß ist. 37 Prozent stimmen dieser Aussage nicht zu.[16] Ausführlicher dokumentiert ist die Angst vor Desinformation (einer Form der Einflussnahme) in Deutschland: Im Jahre 2021 gaben 62 Prozent der Befragten an, große oder sehr große Angst vor Desinformation zu haben, in den Jahren 2022 und 2023 waren es 64 Prozent.[17] Dem Schutzverlangen der Bevölkerung entspricht der deutsche Staat nach mehrheitlicher Auffassung immer weniger. So fühlten sich im Jahre 2015 bereits 57 Prozent der Befragten nicht ausreichend vor der Überwachung durch Nachrichtendienste geschützt.[18] Im Jahre 2023 stimmten 84 Prozent der Befragten eher oder voll der Aussage zu, dass die Politik mehr gegen die Verbreitung von Desinformation (im Internet) unternehmen müsse.[19] Spezifische oder aktuellere statistische Erhebungen für das hier besprochene Devianzphänomen existieren nicht.

4.5 Legitimität und Legalität emissarischer Devianz laut Völkerrecht

Emissarische Devianz zeichnet sich durch den Einsatz von Agentinnen und Agenten sowie subversiven Methoden aus, der oftmals die Nutzung traditioneller diplomatischer Kanäle erfordert, aber auch unabhängig davon stattfindet.

[15] Der Anhang D.1 „Viktimisierungsängste bezogen auf Spionage, unter dem Eindruck des sogenannten NSA-Skandals" steht als elektronisches Zusatzmaterial zur Verfügung.

[16] Der Anhang D.2 „Viktimisierungsängste bezogen auf Sabotage (hier: russische Sabotage), unter dem Eindruck der Sprengung der Nordstream-Pipelines" steht als elektronisches Zusatzmaterial zur Verfügung.

[17] Der Anhang D.3 „Viktimisierungsängste bezogen auf Einflussnahme (hier: nichtstaatliche oder nicht-staatsähnliche Desinformation), vor und nach dem russischen Überfall auf die Ukraine" steht als elektronisches Zusatzmaterial zur Verfügung. Die Frage nach Angst vor der Verbreitung von Desinformation wurde nicht speziell auf die Gefahr durch fremde Mächte bezogen; gleichwohl ist diese von der Frage umfasst.

[18] Der Anhang D.4 „Schutzgefühl vor Spionage durch die Bundesregierung, unter dem Eindruck der öffentlich gewordenen Kooperation zwischen deutschen und US-amerikanischen Nachrichtendiensten zum Nachteil europäischer Überwachungsziele" steht als elektronisches Zusatzmaterial zur Verfügung.

[19] Der Anhang D.5 „Schutz vor Einflussnahmeaktivitäten durch die Politik (hier: nichtstaatliche oder -staatsähnliche Desinformation im Internet; anlassunabhängig)" steht als elektronisches Zusatzmaterial zur Verfügung. Diese Umfrage bezog sich auf spezifische Desinformation im Internet und ebenfalls nicht auf die durch fremde Mächte.

Spionage, Sabotage und nachrichtendienstliche Einflussnahme zu Friedenszeiten prägen maßgeblich die Dynamik globaler Beziehungen, da sie politische Instabilität verursachen, zwischenstaatliche Spannungen provozieren und (kriegerische) Auseinandersetzungen (un-)wahrscheinlicher machen können. Internationale Beziehungen sind geprägt von einem komplexen Geflecht unterschiedlicher Interessen, die im Idealfall auf ein friedliches Zusammenleben aller Völker abzielen, aber wohl auch auf (verdeckte) politische Strategien. Das internationale Völkerrecht dient in diesem Zusammenhang dem Bedürfnis aller Staaten, internationale Beziehungen zu kodifizieren, um rechtliche Grundlagen und entsprechende Handlungsinstrumente bereitzustellen. Es gewährleistet subsequent Rechtssicherheit im zwischenstaatlichen Miteinander. Es fungiert als Mechanismus zur Legitimierung der Handlungen staatlicher, staatsähnlicher und auch nichtstaatlicher Entitäten. Das Völkerrecht speist sich u. a. aus dem Völkervertragsrecht und dem Völkergewohnheitsrecht Art. 38 Abs. 1 des Statuts des Internationalen Gerichtshofs (vgl. Warg 2023: 130 ff.). Sein Regelungsgrad im Hinblick auf emissarisches Devianzverhalten soll nachfolgend überprüft werden.

4.5.1 Indifferenz des Völkerrechts

Aus den genannten Feststellungen über das Völkerrecht lässt sich nicht ableiten, dass jede (auch verbreitete) Form der zwischenstaatlichen Interaktion reguliert ist. Es findet sich im **internationalen Vertragsrecht** kein (öffentlich bekanntes) Regularium zu Spionage (einer ubiquitären Praxis im privaten und öffentlichen Sektor) oder zu nachrichtendienstlicher Einflussnahme, nach dem einschlägige Handlungsweisen auf dem Territorium einer fremden Macht verboten (oder explizit erlaubt) wären (vgl. Warg 2023: 130 f.). Im konkreten Fall Deutschlands ist ein *No Spy*-Abkommen mit dem strategischen Partner USA gescheitert (vgl. Wetzling 2014: 57). Laut eines ehemaligen Leiters des kanadischen Militärnachrichtendienstes könnte ein solches Abkommen innerhalb des anglosphären Nachrichtendienstbündnisses *Five Eyes*[20] bestehen, jedoch ist nicht klar, ob es sich dabei um eine rechtsverbindliche und durchsetzbare Vereinbarung handelt (vgl. Cox 2012: 7). Dieser Annahme widerspricht jedoch die frühere US-Außenministerin Hillary Clinton, laut der die USA grundsätzlich keine *No*

[20] Die UKUSA-Vereinbarung, ursprünglich zwischen dem Vereinigten Königreich und den USA getroffen, ist ein multilaterales Abkommen zur nachrichtendienstlichen Zusammenarbeit zwischen Australien, Kanada, Neuseeland, dem Vereinigten Königreich und den Vereinigten Staaten. Die Allianz der Geheimdienstoperationen ist auch als *Five Eyes*-Bündnis bekannt (vgl. Cox 2012: 4).

Spy-Abkommen schlössen (vgl. 2014). Als Regularium auf Ebene der UN kommt eine Resolution in Frage, die das Recht auf Privatsphäre im digitalen Zeitalter schützen soll. Gemäß Art. 4 lit. b der Resolution 68/167 werden sämtliche Staaten dazu aufgefordert, Verletzungen des Rechts auf Privatsphäre zu beenden und Bedingungen für dessen Schutz zu etablieren. Ferner verlangt Art. 4 lit. c Schritte zu unternehmen, um die eigenen Verfahren und Rechtsvorschriften bezüglich der Überwachung von Kommunikation im Hinblick auf Menschenrechtsverpflichtungen zu prüfen. Jedoch ist der Beschluss der UN-Generalversammlung rechtlich nicht verbindlich (vgl. WD-2–3000-097/20: 6), weswegen ein völkerrechtliches Verbot nachrichtendienstlicher Aktivitäten sich auch hieraus nicht ergibt. Zuletzt stellt auch Art. 3 Abs. 1 lit. d WÜD, wonach eine diplomatische Mission „*sich mit allen rechtmäßigen Mitteln über Verhältnisse und Entwicklungen im Empfangsstaat*" unterrichten darf, schwerlich eine Legitimation für Spionage dar, solange diese im Empfangsstaat nicht rechtskonform zu vollziehen ist. Allgemeines diplomatisches Recht legitimiert (oder verbietet) emissarische Devianz demnach ebenfalls nicht (vgl. Schmahl 2014: 220).

Das **Völkergewohnheitsrecht** besteht aus allgemeinen, langfristig befolgten Normen und Praktiken, die als verbindlich für Staaten in der internationalen Gemeinschaft gelten (vgl. Kirchmair 2013: 180 f.). Insofern steht es allen nachrichtendienstlichen Aktivitäten (in Friedenszeiten) mit oder ohne Zustimmung des betroffenen Staates und solange sie keinen Interventionscharakter entwickeln nach herrschender Meinung zunächst neutral gegenüber (vgl. Warg 2023: 130 f.; vgl. Schaller 2014: 11; vgl. Sule 2006: 73 ff.). Im Gegensatz dazu könnten bestimmte Sabotageakte gemäß Art. 2 Ziffer 7 UN-Charta einen solchen Interventionscharakter entwickeln. Ultimativ sind es jedoch vor allem nationale Regularien, die in dieser Frage ausschlaggebend sind. Denn erklärt ein Staat jede oder nur bestimmte Formen ausländischer nachrichtendienstlicher Aktivitäten für illegal, so sind die tatbegehenden Emissärinnen und Emissäre aus dem Entsendestaat Rechtssubjekte des dortigen Rechts (vgl. Warg 2023: 131). In Deutschland kommen in diesem Zusammenhang vorrangig die unter Tabelle 4.1 zusammengefassten Normen des Hauptstrafrechts für die Gesandten fremder Mächte zur Anwendung.

4.5.2 Exkurs: Auswirkungen des Völker- und Bundesrechts auf die Gegenspionage des BND im Ausland

Mit dem geltenden Völkerrecht legitimiert auch der zum rechtsstaatlichen Handeln verpflichtete Auslandsnachrichtendienst BND die Umsetzung seines gesetzlichen Auftrags: Erstens ist das allgemeine Völkerrecht gemäß Art. 25 GG Teil des Bundesrechts und Auslandsspionage damit ein zumindest im Grundsatz nicht illegitimer Akt und zweitens zielt die Formulierung im nachrichtendienstlichen Spezialgesetz *„im Geltungsbereich dieses Gesetzes“* (§ 1 Abs. 2 S. 2 BNDG) nicht auf eine wie auch immer geartete territoriale Beschränkung des BND, sondern auf die exakte Definition der sachlichen Zuständigkeit (vgl. Warg 2023: 130). Das bedeutet jedoch auch, dass der BND mit seinen mandatierten Tätigkeiten außerhalb dieses Geltungsbereichs potenziell fremdes (Straf-)Recht verletzt.

So könnte unterstellt werden, dass die durch den BND seit 2017 erneut aufgenommenen Gegenspionageaktivitäten (vgl. Baumgärtner et al. 2022) im Ausland unter Anwendung von Handlungsweisen betrieben wird, welche (ähnliche) Straftatbestände wie den der Nötigung erfüllen (in Deutschland gemäß § 240 StGB). Diesem Szenario liegt die Annahme zugrunde, dass z. B. Doppelagentinnen bzw. -agenten sich ohne Druckmittel nicht anwerben bzw. führen ließen. Aktuellen Grund zur Annahme, dass der BND dieses Risiko für Dritte in Kauf nehmen würde, besteht jedoch nicht. Überdies setzt der deutsche Nötigungs-Paragraph die Rechtswidrigkeit der potenziellen Handlung durch den BND voraus. Solange die gesetzliche Grundlage für einen Eingriff in Individualrechte gegeben ist – § 5 BNDG i. V. m. § 8 Abs. 2 S. 2 BVerfSchG stellt eine solche Grundlage zunächst dar – könnte der BND bestimmte Rechtsgutverletzungen im Rechtsraum der Bundesrepublik für die Zwecke der Gegenspionage rechtfertigen. Allerdings dürfen Individualrechte in Deutschland für nachrichtendienstliche Zwecke nur verletzt werden, sofern sie lediglich das Recht auf informationelle Selbstbestimmung betreffen (vgl. Warg 2023: 126 f.), beispielsweise die auf Kommunikation abzielende Fernmeldeüberwachung. Nötigung fällt als Freiheitsdelikt (vgl. Küper/Börner 2017: 109 ff.) explizit nicht unter diese Kategorie. Maßnahmen zur Gegenspionage des BND, z. B. unter dem Einsatz von Kompromaten, wären also nicht nur in einem potenziellen Zielland möglicherweise rechtswidrig, sondern auch explizit nach deutschem Recht (vgl. Warg 2023: 127).

4.5.3 Zusammenfassung

Das Völkerrecht ist emissarischer Devianz gegenüber weitestgehend indifferent. Bisher existieren keine internationalen Verträge, die emissarische Devianz explizit erlauben oder verbieten würden. Auch das Völkergewohnheitsrecht entfaltet in dieser Frage keine regulierende Wirkung. Obwohl die internationale Gemeinschaft staatliche Überwachung (mindestens im Kontext von Privatsphäre- und Menschenrechtsbelangen) als nicht wünschenswert betrachtet, fehlen klare und verbindliche Normen. Nur transnationale Zusammenschlüsse wie im Fall der sogenannten *Five Eyes* sind für Staaten ein möglicher Grund zur Annahme, dass ausgewählte fremde Mächte die nachrichtendienstliche Interferenz auf dem eigenen Staatsgebiet potenziell unterlassen. Die Bundesrepublik ist, soweit öffentlich bekannt, nicht Teil einer solchen Allianz. Damit ist ihr Auslandsnachrichtendienst offensiver und defensiver Akteur in einer Weltgemeinschaft, in der – unterscheidet man zwischen nationalem Recht vom Völkerrecht – nicht-interventionistische Interferenz legitim und legal ist.

5 Zwischenfazit

Der Forschungsstand im Bereich der staatlichen Kriminalität ist ein alter; empirische und belastbare Zahlen zu den in Rede stehenden Devianz- und Kriminalitätsformen existieren kaum oder gründen auf einer für einen allgemeinen Anwendungsfall zu spezifischen Fragestellung. Eine kriminologische Auseinandersetzung mit den in Tabelle 4.1 zusammengefassten Kriminalitätsformen und den auf Abbildung 4.1 dargestellten nachrichtendienstlichen Zuständigkeitsbereich bzw. den dazugehörigen Devianzformen hat in Deutschland bisher nicht stattgefunden. Aus diesem Grund waren die Kapitel 1 bis 4 dieser Arbeit der „Kriminologisierung" des Phänomens und einer adäquaten Sachstandsanalyse gewidmet. In diesem Kapitel soll ein kompakter Überblick über die erlangten Erkenntnisse geliefert werden.

Bei dieser kriminologischen Betrachtung nehmen die neologistischen Begriffspaare emissarische Devianz bzw. Kriminalität ein zentrale Rolle ein, um sowohl legale als auch illegale Handlungsarten durch Emissärinnen und Emissäre zu beschreiben, die neben einer polizeilichen Gefahr – wie in der Kriminologie zumeist der Fall – auch eine Gefahr im nachrichtendienstlichen Sinne darstellen und somit einen anderen, teilweise gar eingriffsintensiveren staatlichen Mitteleinsatz zur Gefahrenabwehr erforderlich machen. Diese Form der Devianz erfordert stets ein Über-Unter-Verhältnis: entweder, eine hoheitliche Einrichtung wie eine Regierung (Makro-Entität) oder ein Nachrichtendienst (Meso-Entität) befehligt einen Normenverstoß, oder ein tatbereites Individuum (Mikro-Entität) bietet den vorgenannten Institutionen eigeninitiativ an ihre Weisungen künftig befolgen zu wollen. Hieran wird deutlich, dass die Frage nach der Untersuchung und Kontrolle dieser Erscheinung eine Mehrebenen-Betrachtung erforderlich macht.

Die erstmalig umfängliche kriminologische Aufarbeitung des Themas und die Konzipierung einer geeigneten Kriminalitätstheorie (Kapitel 8) erfordern

D. Ay, *Fremde Macht*, BestMasters, https://doi.org/10.1007/978-3-658-46408-0_5

auch die Möglichkeit der Benennung von Taterscheinung (z. B. Staatsterrorismus, Landesverrat), Tatbegehenden (z. B. hauptamtliche Agentinnen und Agenten, Selbstanbietende, unwissende Dritte), tatbegünstigenden Umständen (z. B. Erpressbarkeit durch Kompromate) sowie Tatmotivationen (z. B. Geld, menschliche Anerkennung). Die bisherige Analyse hat ergeben, in welch vielfältiger Form Emissärinnen und Emissäre in Kontext der Kriminalität der Mächtigen auftreten können.

Jede Gesellschaft entscheidet, ob und wie sie Normabweichungen kontrolliert bzw. sanktioniert. In Deutschland können beispielsweise antisemitisch motivierte Straftaten härter sanktioniert werden (§ 46 Abs. 2 S. 2 alt. 3 StGB), aber es existieren auch wegen der Besonderheit oder Ubiquität ihres jeweiligen Gegenstands gesonderte Strafrechtsnormen neben dem StGB, wie z. B. das Wirtschaftsstrafrecht (Wirtschaftsstrafgesetz von 1954) und das Betäubungsmittelstrafrecht (Betäubungsmittelgesetz). Ein Außensicherheits- oder Spionagegesetz wie in den USA (*Espionage Act*), welches u. a. die Enthüllung verteidigungsrelevanter Staatsgeheimnisse verhindern soll, gibt es in Deutschland nicht. Dieser speziellen Deliktsform sind erstens der zweite[1] und fünfte[2] Abschnitt des besonderen Teils des StGB und zweitens das (im strafrechtlichen Sinne sanktionsfreie) Nachrichtendienstrecht gewidmet.

Die Erkenntnisse zum potenziellen deliktspezifischen Dunkelfeld zeigen außerdem, dass trotz hoher (abstrakter) Gefahr für die Bundesrepublik scheinbar nicht genug Anstrengungen unternommen werden, um ebendieses Dunkelfeld zu erhellen. Das Wortpaar deliktspezifisches Dunkelfeld wurde hier gewählt, weil es nicht nur sachlich zutrifft, sondern im Speziellen auch den Hintergrund haben kann, dass eine Aufklärung strafrechtlich relevanter Sachverhalte in diesem Deliktsbereich womöglich gar nicht erwünscht ist (taktisch bedingter Duldungshabitus, vgl. Abschnitt 4.4.1; vgl. Abschnitt 8.3). Unabhängig davon steht fest, dass die Gesellschaft an einer stärkeren Kontrolle erst dann Interesse zu entwickeln scheint und Viktimisierungsängsten ausgesetzt ist, wenn das Phänomen in den (medialen) Aufmerksamkeitsfokus rückt.

Die nachfolgenden Kapitel sollen als Beitrag zur zukünftigen wissenschaftlichen bzw. kriminalpolitischen Auseinandersetzung mit dem Phänomen und dem damit korrespondierenden Sicherheitsbedürfnis gelten.

---

[1] Landesverrat und Gefährdung der äußeren Sicherheit.

[2] Straftaten gegen die Landesverteidigung.

6 Kriminologische Eigenschaften emissarischer Devianz

Die Kriminologie soll Verhaltensweisen erklären, welche durch die Gesellschaft als kriminell wahrgenommen werden. Die Hervorbringung solcher Erklärungen setzt eine Faktenbasis voraus: Positiven Befunden folgen wissenschaftliche Festlegungen, Datenmängeln folgen wissenschaftliche Untersuchungen. Das Ergebnis von Kriminalitätserklärungen ist eine Wahrscheinlichkeitsaussage darüber, ob und wie vordefinierte Verhaltensweisen womöglich eintreten (vgl. Singelnstein/Kunz 2021: 37 f.). Singelnstein/Kunz treffen zu Erklärungsversuchen über „*besondere Deliktsbereiche*" (Singelnstein/Kunz 2021: 282) – hierunter falle auch staatliche Kriminalität[1] – zwei Aussagen: Zum einen seien diese kein gesondertes Phänomen, „*sondern [...] Ausdruck gesellschaftlicher Wahrnehmungs- und Akzentuierungsbedürfnisse, die zu bestimmten Zeiten vorhanden sind und sich wandeln*" (Singelnstein/Kunz 2021: 43). Zum anderen wiesen sie auch keine charakteristischen Besonderheiten auf (vgl. Singelnstein/Kunz 2021: 43).

Beide Thesen können für die Zwecke dieser Arbeit nicht unkommentiert bleiben. Die erste Aussage ist allgemeingültig und trifft auch auf ordinäre Deliktsformen wie beispielsweise Straftaten gegen die sexuelle Selbstbestimmung zu. Von Akzentuierungsbedürfnissen und Wandlungen kann dort beispielsweise ausgegangen werden, wenn der Gesellschaft vielfach Vergewaltigungen in Gruppen anstelle einzelner Vergewaltigungen im Kontext häuslicher Gewalt bekannt werden. Die zweite Aussage ist insofern wissenschaftlich insuffizient, als dass sie den kriminologischen „Ideenmarkt" für besondere Erklärungsbedürfnisse schließt, da sie der Logik zu folgen scheint, dass jedes (auch in der Zukunft liegende) Phänomen mit bestehenden Erklärungsansätzen erklärbar ist bzw. sein wird.

[1] Aufgezählt werden außerdem Jugenddelinquenz, Gewaltkriminalität, Wirtschaftskriminalität (vgl. Singelnstein/Kunz 2021: 282 ff.), Ausländerkriminalität und Organisierte Kriminalität (vgl. Singelnstein/Kunz 2021: 43).

D. Ay, *Fremde Macht*, BestMasters, https://doi.org/10.1007/978-3-658-46408-0_6

Das Vorhandensein von Parallelen schließt das Vorhandensein eines neuen Phänomens mit eigenen Charakteristika jedoch keinesfalls aus. Der vorliegende Untersuchungsgegenstand widerspricht dieser Vorstellung, wie im Zwischenfazit dargelegt, beispielhaft, da er z. B. existenziell vom Vorhandensein einer Hoheit im Sinne von Staatlichkeit (oder Staatsähnlichkeit) ausgeht; dies ist in der kriminologischen Forschung bisher ausschließlich der staatlichen Kriminalität inhärent.

Die Einsicht, dass besondere Phänomene durchaus einen besonderen Erklärungsansatz erfordern können, ist maßgeblich für die weitere Struktur dieser Arbeit. In diesem Kapitel sollen gewisse Ursprünge und Parallelen emissarischer Devianz und Kriminalität ergründet werden, konkret aus den vielfältigen Bereichen der Kriminalität der Mächtigen (Abschnitt 6.1) und der Psychologie (Abschnitt 6.2). Dieses Kapitel widmet sich damit auch der ersten Forschungsfrage: Wird emissarische Devianz durch einen Teilbereich der Kriminologie bereits umfasst?

6.1 Kriminalität der Mächtigen

Die grundsätzliche Idee einer Sonderkategorie Kriminalität der Mächtigen ist ein Umkehrschluss aus der tradierten Ansicht, Kriminalität sei ein Phänomen der Unterschicht. Doch hat diese Kategorie auch eine inhärent deskriptive Bewandtnis, da diese Kriminalitätsform es vermag, hohe Schäden für die Gesellschaft anzurichten (vgl. Lee 1995: 25). Um von einer gelungenen Definition des Phänomens auszugehen, muss Abstand von der rein wörtlichen Auslegung genommen werden. So wäre es als ordinäre Kriminalität zu verbuchen, wenn eine machtvolle Person beispielsweise einen simplen Ladendiebstahl begehen würde. Wesentlich sinnvoller erscheint die Untrennbarkeit von Kriminalität als erstem, und Macht als zweitem synergetischen Faktor – also Kriminalität durch Macht (vgl. Lee 1995: 27). Fraglich ist, welches Verständnis von Kriminalität zugrunde gelegt werden kann. Eine legalistische Auslegung, bei der die Verletzung von Strafnormen ausschlaggebend ist, bietet sich in einem demokratischen Rechtsstaat grundsätzlich an. Das materiell-soziologische Verständnis reflektiert andererseits jedoch erstens Auswirkungen einer Handlung auf das soziale Gefüge, unabhängig von jeder Strafbarkeit (vgl. Lee 1995: 29 f.) und zweitens die Tatsache, dass die Frage der Kriminalisierung eines bestimmten Verhaltens stets Gegenstand gesellschaftlicher Diskurse ist (vgl. Kunz/Singelnstein 2021: 168 ff.). Eine Orientierung an der reinen (und naturgemäß territorial beschränkten) Rechtsordnung erschwert zudem eine Handhabe über Sachverhalte wie die durchaus legalen, wenngleich objektiv verbrecherischen Aktivitäten der Nationalsozialisten im Dritten Reich (vgl. Lee 1995: 29). Ein zweiter Faktor ist, dass Macht nicht nur als ein Verhältnis zu Nicht-Mächtigen verstanden werden darf, sondern Macht auch im Sinne von Machtausübung bzw. -missbrauch, ohne unmittelbare Opferschaffung, verstanden werden sollte. Dafür qualifizieren sich bereits hohe Staatsbeamtinnen und -beamte oder Parlamentsangehörige, so sie denn Kontrolle über staatliche Institutionen auszuüben vermögen. Zuletzt ist der (durchaus optionale) Faktor der delegierten Ausübung von Macht, das „Machen-Lassen", zu benennen (vgl. Lee 1995: 29 f.), welcher im Kontext von Emissärinnen und Emissären fundamental von Bedeutung ist.

Sutherland definierte den metaphorisierenden Begriff *white collar crime* wie folgt: „*a crime committed by a person of respectability and high social status in the course of his occupation*" (1983: 7). Er verwies darauf, dass trotz des Vorhandenseins von Gesetzesverstößen einige Handlungen von den strafrechtlichen Verfolgungsbehörden nicht als kriminell eingestuft werden, obwohl sie gemäß des Strafrechts als Verbrechen gelten. Als Ursache hierfür identifizierte er den hohen sozio-ökonomischen Status der Betroffenen (vgl. Lee 2005: 52 f.). Dieser Schutz trifft auf deviant agierende Staatsoberhäupter gleich in doppelter Weise zu, denn in diesem speziellen Fall korreliere der hohe Status mit dem zusätzlichen Schutzprivileg der auf die Einzelperson übertragene Staatenimmunität (vgl. Dörr 2003: 205).[2] Auf die zahlreichen wissenschaftlichen Weiterentwicklungen des Basiskonzepts *white collar crime* wird nachfolgend in der gebotenen Kürze eingegangen, um die für emissarische Devianz charakteristischen Elemente herauszustellen.[3]

[2] In der Wissenschaft besteht keine Einigkeit darüber, ob *white collar crime* die Tat oder die Tatbegehenden beschreiben soll (vgl. Lee 2005: 54). Diesem Umstand wird in der vorliegenden Arbeit Rechnung getragen (emissarische Devianz bzw. Kriminalität als Beschreibung der Tat, Emissärin und Emissär als Beschreibung der Tatbegehenden).

[3] Unter die zahlreichen Bedeutungszurechnungen im Kontext von *white collar crime*, die auch auf das hier beschriebene Phänomen zutreffen, könnten u. a. auch (in Teilen) *organizational crime* (Schrager/Short 1978), *governmental deviance* (Ermann/Lundman 2002), *state authority occupational crime* (Green 1996), *state criminality* (Ross 1995) und *state-organized crime* (Chambliss 1995) fallen (vgl. Lee 2005). Auf diese wird aus Kapazitätsgründen nicht eingegangen, jedoch haben sie zahlreiche Parallelen zu den in dieser Arbeit selektierten Ausprägungen.

6.1.1 Berufskriminalität

Unter Berufskriminalität (*occupational crime*) ist jede Ausübung einer kriminellen Tätigkeit zu verstehen, die im Kontext der beruflichen Tätigkeit begangen wird. Darunter fallen auch Aktivitäten von Personen aus prekären Milieus und nicht, wie beim Basiskonzept erläutert, die strukturell eher nicht verfolgten Vergehen mächtiger Personen (vgl. Lee 2005: 55); auch erstere üben (in begrenztem Maße) Macht aus, indem sie betriebliche bzw. behördliche Ressourcen nutzen (vgl. Eisenberg/Kölbel 2017: 927 f.).

Inzident auf die emissarische Kriminalität bezogen, definierte Green das präziseste Verständnis von *occupational crime*: Darunter falle jede illegale Verhaltensweise, die im Rahmen der Berufsausübung begangen wird (vgl. 1996: 12 f.). Im konkreten Zusammenhang wird als Erweiterung von *state authority occupational crime* gesprochen, also politischer Kriminalität durch politisch Handelnde. Allerdings ist eine der Voraussetzungen für *occupational crime*, dass die tatbegehende (oder beauftragende) Person selbst vom Vergehen profitiert (vgl. Lee 2005: 55 f.). In Abgrenzung zu diesem spezifischen Element der Berufskriminalität steht die Körperschaftskriminalität.

6.1.2 Körperschaftskriminalität

Körperschaftskriminalität *(corporate crime)* definiert sich dadurch, dass sie durch Funktionärinnen und Funktionäre einer Institution nicht für die eigene Begünstigung begangen wird, sondern zu Gunsten formaler Organisationen. Dazu zählen auch Vergehen der Institution selbst (vgl. Clinard et al. 1994: 173). Ausschlaggebend ist die zentrale Bedeutung der juristischen Person als solche (vgl. Lee 2005: 60). Insofern ist die Unterscheidung zwischen *occupational* und *corporate crime* elementar für die Zurechnungsfähigkeit institutionalisierter Handlungsweisen zur Institution und eben nicht mehr „nur" zum tatbegehenden Individuum (vgl. Lee 1995: 61).

Die Literatur unterstellt zumeist, dass es sich bei den in Frage stehenden Institutionen um privatwirtschaftliche Unternehmen handeln muss, da das unterstellte Motiv der Profitmaximierung in diesem Kontext erstens oft genug zutrifft und zweitens durchaus naheliegt (vgl. Lee 2005; vgl. Geis 1995; vgl. Cressey 1973). Dabei trifft das allgemein gefasstere Verständnis von Clinard et al. ganz und gar auf nachrichtendienstlich organisierte Einrichtungen zu, denn die angestrebten Begünstigungen müssen keinesfalls (nur) monetärer, sondern können (auch) politischer Natur sein. Anstelle von privatwirtschaftlicher Marktmacht dient die

Kriminalität in dieser Variante dann z. B. eben dem politischen Machterhalt. Womöglich bietet sich für diese Auslegungsform der Begriff der staatlich-körperschaftlichen Kriminalität *(state-corporate crime)* an. Der jedoch scheint ebenfalls mit einem feststehenden Verständnis belegt zu sein, nach welchem privatwirtschaftliche Unternehmen in Kooperation mit bzw. durch regulatorische Nachlässigkeit (oder Missachtung) von staatlichen Institutionen illegale oder sozialschädliche Handlungen vollziehen (vgl. Rothe/Friedrichs 2006: 153 f.; vgl. Eisenberg/Kölbel 2017: 935). Auch diese Auslegung trifft höchstens koinzident auf emissarisch-deviante Verhaltensformen zu, z. B. auf politische Einflussoperationen durch sogenannte Propaganda- bzw. Trollfabriken mit dem Segen einer Staatsregierung.

Eine noch feinere Untergliederung dieser Kategorie kann in der Verwendung des Begriffs Körperschaftsgewalt *(corporate violence* oder *corporate killing)* stecken, welche Handlungen von Institutionen beschreibt, mit denen ein Schaden der physischen Sicherheit betroffener Personen (Mitarbeitende, Mitglieder der allgemeinen Öffentlichkeit etc.) mindestens in Kauf genommen wird (vgl. Kramer 1983: 166; vgl. Eisenberg/Kölbel 2017: 931). Geis‘ Zuschreibung, dass „*Wirtschaftsverbrechen tötet und verstümmelt*“ (1973: 183 zitiert nach Lee 2005: 60), bezieht Körperschaftskriminalität wieder auf Wirtschaftskriminalität. Unter die weite Definition von Kramer gelingt aber beispielsweise auch die Subsumtion politischer Morde bzw. von Staatsterrorismus (vgl. Abschnitt 6.1.6).

Es ergibt Sinn (und erscheint geboten), dass die kriminologische Forschung als Kompensation für diese unterschiedlichen Auffassungsvarianten auf Sonderkategorien wie Staatenkriminalität (*state crime*, vgl. Abschnitt 6.1.4) ausweicht. Gleichwohl erscheint die Behandlung von emissarischer Kriminalität als abnorme Sondererscheinung von *corporate crime* – Singelnstein/Kunz kommen für den Gesamtkomplex Kriminalität der Mächtigen insgesamt zum ebendiesem Schluss – nicht verantwortungsvoll. Viel eher bietet sich wegen des ubiquitären Vorkommens (jede Staatshoheit verfügt weltweit über Gesandte, die deviant handeln) eine Betrachtung als gleichwertige Variante an. Das Verständnis als Sonderkategorie (oder sogar Unterkategorie der Sonderkategorie) lädt dazu ein, sich nicht oder wenig mit den fraglichen Phänomenen zu befassen, was aus kriminalpolitischer Sicht nicht zu rechtfertigen ist.

6.1.3 Wirtschaftskriminalität

Die Wirtschaftskriminalität *(economic crime)* ist eine besondere Form der Körperschaftskriminalität, die von Mächtigen begangen wird (vgl. Lee 2005: 58;

vgl. Opp 1975: 44). Regelmäßig wird in diesem Zusammenhang auch von Managementkriminalität gesprochen, sofern der Führungsebene eine maßgebliche Rolle zuzusprechen ist (vgl. Eisenberg/Kölbel 2017: 928). Sie ist gekennzeichnet von strafrechtlich relevanten Verhaltensweisen, die unter Anwendung von nichtgewaltsamen Methoden zum Zwecke wirtschaftlicher Interessen begangen werden (vgl. Edelhertz 1970: 3). Diese Interessen können jene der Einzelperson oder des Wirtschaftsunternehmens sein, welche auch jeweils als Tatbegehende in Frage kommen (vgl. Lee 2005: 57).

Wirtschaftsdelikte sind häufig durch Anonymität oder personale Distanz zwischen Tatbegehenden- und Opferseite gekennzeichnet (vgl. Eisenberg/Kölbel 2017: 930). Auf emissarische Kriminalität trifft dies meistens nur einseitig zu: Tatbegehende kennen in der Regel ihre Opfer (Zielperson) – nicht jedoch umgekehrt. Ausnahmen stellen beispielsweise Oppositionelle oder Regimekritikerinnen und -kritiker dar, die sich zumindest abstrakt ihrer Verfolgung durch eine Regierung bewusst sind. Das Kennverhältnis ist jedoch in jedem Fall unproportional ungleich.

Zudem geschieht diese Deliktsform meist in konventionellem Rahmen, also in Ausübung der eigentlich vorgesehenen geschäftlichen Tätigkeiten (vgl. Eisenberg/Kölbel 2017: 930). Selbiges trifft beispielsweise auch auf emissarische Kriminalität durch Innentäterinnen und Innentäter zu, wenn sie fremden Mächten Staatsgeheimnisse zur Verfügung stellen. Für Agentinnen und Agenten jener fremden Mächte geschieht der Gesetzesbruch, z. B. der sogenannte Tiergartenmord, nicht nur im „konventionellen Rahmen" – er stellt unter Umständen die Konvention dar.

Regelmäßig ist es im Bereich der Wirtschaftskriminalität so, dass sie besonders sozialschädlich ist, da bei ihrer Durchführung sehr hohe (materielle und immaterielle) Schadenssummen entstehen können – während ihr Anteil der registrierten Gesamtkriminalität im Verhältnis extrem gering ist (vgl. Singelnstein/Kunz 2021: 287; vgl. Eisenberg/Kölbel 2017: 931). Man spricht, genau wie bei emissarischer Devianz, von einem Kontrolldelikt (vgl. Abschnitt 4.1.3). Beides ist auch für emissarische Kriminalitätsformen einschlägig: während die Zahl der staatlichen Interventionen im Zusammenhang mit Agententätigkeiten auf einem historischen Tief ist, dürfte Deutschland unverändert das Ziel hoheitlich betriebener Wirtschaftsspionage und Einflussoperationen sein (vgl. Abschnitt 4.4). Der Schaden durch Wirtschaftskriminalität in Deutschland lag im Rekordjahr 2010 bei 4,7 Milliarden Euro (vgl. BKA 2023b), die durch Wirtschaftsspionage im Jahre 2021 bei 203 Milliarden Euro (vgl. Bitkom 2022). Hinzu kommt in beiden Fällen immaterieller Schaden, z. B. in Form von Vertrauensverlust in eine Unternehmung oder eben in das demokratische Staatssystem.

Wirtschaftsdevianz ist zudem eine Frage der Gelegenheit. Die Beibehaltung prävalenzrelevanter Strukturen ist für jedes Unternehmen ein Sicherheitsrisiko (vgl. Eisenberg/Kölbel 2017: 934 f.). Identisch verhält es sich bei Nachrichtendiensten, bei denen der personelle und materielle Geheim- und Sabotageschutz Bestandteil der präventiven Spionageabwehr sind (vgl. Abschnitt 3.1).

Emissarische Kriminalität und Wirtschaftskriminalität ähneln sich zuletzt insofern, dass die Tatbegehenden Teil einer größeren Organisation in Form einer juristischen Person sind. Emissärinnen bzw. Emissäre sowie Wirtschaftskriminelle können jeweils der eigenen Organisation entstammen (Innentäterinnen und -täter) oder (sogar zeitgleich) fremden Organisationen zugehörig sein (fremde (Doppel-)Agentinnen und Agenten), um in dieser Funktion Schäden anzurichten. Auf die Typologie der Tatbegehenden wird im Abschnitt 6.2 näher eingegangen.

6.1.4 Staatenkriminalität

Das einzige von der Kriminologie bisher (zumindest atmosphärisch) vorgesehene Konzept für emissarische Kriminalität im Sinne dieser Arbeit ist wohl das der Regierungs- bzw. Staatenkriminalität (*crime by government* bzw. *state crime*). Delikte im Auftrag einer Regierung sind zu beschreiben als Gesetzesverletzungen durch Verantwortliche im Auftrag einer Regierung (vgl. Clinard/Quinney 1973: 154), während Staatenkriminalität insgesamt auf demselben Prinzip beruht (Regierungen sind mit der Staatenführung betraut), jedoch vor allem strukturelle Zusammenhänge auf der Makroebene im Mittelpunkt der Betrachtung stehen (vgl. Lee 2005: 64). Da diese Arbeit alle nachrichtendienstlichen Aktivitäten fremder Mächte (also u. a. Staaten) im Makro-Zusammenhang betrachtet und Regierungen nur als (nicht-)exekutierendes Element im Sinne von Tatbegehenden ansieht, wird *state crime* vorliegend als Oberbegriff von *crime by government* verstanden. „*Staatenkriminalität*" beschreibt Henry als

> „*the material or physical harm on its citizens, a subgroup of citizens, or citizens of other nations resulting from the actions or consequences of government policy, mediated through the police of state agencies, whether these harms are intentional or unintentional*" (1991: 256).

Laut Lee geht diese Auffassung von der Überzeugung aus, „*der Staat habe seinen Bürgern gegenüber bestimmte moralische und ethische Verpflichtungen*" (2005: 65). Diese Interpretation Lees lässt zwei Faktoren außer Acht: Erstens kann man diese Feststellung Henrys auch negativ interpretieren, und zwar so, dass ein

Staat seine Bevölkerung – entgegen der Menschenwürde – lediglich als bloßes Objekt staatlichen Handelns betrachtet (BVerfGE 144, 20: 207) und ein möglicher Schadenseintritt demnach nicht handlungshemmend ist. Zweitens übersieht Lees Interpretation die Tatsache, dass im Zitat Henrys auch Bürgerinnen und Bürger anderer Nationen angesprochen werden. So schlössen sich ethische oder moralische Erwägungen für fremde Mächte praktisch aus (bei Unrechtsregimen umso eher). Staatenkriminalität in Form von nachrichtendienstlichen Aktivitäten (so wie jede Kriminalität) ist fundamental mindestens an der Inkaufnahme von Unrecht für die betroffenen Personen ausgerichtet. Staaten als moralische Instanzen und nicht etwa als jene interessengeleiteten Mächte zu betrachten, die sie sind, wäre eine kriminalpolitisch nicht gebotene Attribution menschlicher Eigenschaften auf juristische Personen.[4]

6.1.5 Auftragskriminalität

Die Kriminalitätsausführung in Stellvertretung ist eine der zentralen Merkmale der (organisationellen) Kriminalität der Mächtigen.[5] Machtvolle Personen agieren im Hintergrund als oberste Autoritäten und delegieren die Ausführung von Delikten an die ihnen untergebenen Entitäten (vgl. Lee 2005: 90). Als Auftragnehmende kommen Menschen aus prekären Lebenssituationen und Mittelschichtsangehörige in Frage (vgl. Lee 2005: 90 f.) oder eben Personen, die sich durch das Vorhandensein von Kompromaten haben erpressbar machen lassen (vgl. Abschnitt 4.2; vgl. Abschnitt 4.3). Durch die Fragmentierung der Verantwortung und Zuständigkeiten im Rahmen einer staatlichen Operation wird eine nachträgliche (wissenschaftliche oder strafverfolgende) Aufarbeitung erschwert bis unmöglich (vgl. Lee 2005: 91). Die staatliche Auftragskriminalität im Sinne der Kriminalität der Mächtigen unterscheidet sich von der individuellen Auftragskriminalität strukturell insofern, als dass beispielsweise ein Auftragsmord im reinen Mikro-Kontext zumeist nur situativ ist und sich auf eine kleine Personenzahl bezieht, während er im staatlichen Kontext, nicht zuletzt durch die

---

[4] Gleichwohl stellen das Verbot deutscher Wirtschaftsspionage für den BND (vgl. Abschnitt 3.1) und der Verzicht auf die Einschränkung von Freiheitsrechten durch den BND im Ausland, z. B. die Erpressung oder Nötigung einer menschlichen Quelle (vgl. Abschnitt 4.5.2), eine passende Gegenthese hierfür dar – auch wenn es sich dabei um weltweite Ausnahmen handeln dürfte.

[5] Hohes Schadensausmaß (vgl. Abschnitt 6.1.3), intentionale Handlung (vgl. Abschnitt 6.2.5), Sanktionsimmunität (vgl. u. a. Abschnitt 6.1) (vgl. Lee 2005: 86 ff.).

Institutionalisierung des Auftragswesens, eine abstrakte und dauerhafte Gefahr für gleich mehrere Personen(-gruppen) darstellt.

6.1.6 Staatsterrorismus

Der Begriff des Staatsterrorismus wird uneinheitlich definiert. Zumindest im betroffenen Behördenwesen herrscht dennoch relative Einigkeit in der Frage einer Definition. Das in Staatsschutzangelegenheiten für Strafverfolgung zuständige Bundeskriminalamt (BKA) fasst darunter im Deliktsbereich Spionage den *„von Staaten ausgeübte[n] oder gesteuerte[n] Terrorismus in Verfolgung außen- oder innenpolitischer Ziele*" (BKA 2023c: 6) zusammen. Insbesondere gehe es um Entführungs- sowie Tötungdelikte, sofern diese *„durch oder im Auftrag einer fremden Macht oder den Geheimdienst einer fremden Macht begangen*" (BKA 2023c: 6) wurden. Die Definition des BfV ist gleichlautend (vgl. BfV, o. D.-d); die Ziele seien u. a. das Eingreifen in die Angelegenheiten anderer Staaten sowie die Verfolgung, Einschüchterung und Pönalisierung von Oppositionellen(-gruppen) (vgl. BfV, o. D.-d).

Der Fachliteratur ist indes ein (eher semantischer) Diskurs zu entnehmen, dessen Mehrheitsmeinung nicht im (fundamentalen) Widerspruch zum Behördenverständnis steht. Florack beschreibt Staatsterrorismus als Strategie der internationalen Politik, um eigenen Positionen im Zeitalter der Globalisierung Aufmerksamkeit zu verschaffen (vgl. 2005: 340). In Anlehnung daran unterscheidet Pfahl-Traughber streng zwischen Staatsterror, also der Unterdrückung des eigenen Volkes durch einen Staat und seine Einrichtungen auf der einen Seite und Staatsterrorismus, also der Förderung und Anleitung von Terrorgruppen durch einen Staat auf der anderen Seite (vgl. 2014: 180). Exemplarisch hierfür stehen nach dogmatischer Lesart symbiotische Beziehungen zwischen dem MfS und der linksterroristischen „Rote Armee Fraktion" (RAF), der Islamischen Republik Iran und der libanesischen Hisbollah-Miliz und zeitweise auch der USA und Al-Qaida (vgl. Bossert/Leuer 2020: 140 ff.). Obgleich auch Bossert/Leuer im Grundsatz einen Unterschied zwischen Staatsterror und Staatsterrorismus anerkennen, ist ihre Beschreibung des letzteren als staatliches Vorgehen, *„bei dem sich [...] zumeist Geheimdienste terroristischer Maßnahmen, Methoden und Aktionen bedienen*" (Bossert/Leuer 2020: 143), um politische Ziele zu erreichen, der mit dem Behördenverständnis am ehesten kompatible Ansatz. Auch laut Wöhler-Khalfallah ist zwischen Staatsterror und Staatsterrorismus – und ob sie nun nach innen, nach außen oder universell wirken – kaum eindeutig zu differenzieren.

Fest steht für sie, dass es sich um den Einsatz staatlicher Kriminalität und Ressourcen zum Erhalt einer Herrschaftsordnung handelt – auch unter Missbrauch diplomatischer Privilegien (vgl. Wöhler-Khalfallah 2018: 2150 f.).

In der Gesamtbetrachtung besteht im wissenschaftlichen Diskurs also ein zweifacher Dissens: Erstens ein semantischer in der Frage, wer die ausführende Entität ist – der Staat und seine Institutionen selbst oder ein etwaig unterstützter, militanter Arm derselben – und zweitens ein praktischer in der Frage, gegen wen sich die Taten richten. Konsens besteht hingegen darin, dass es sich um politische bzw. politisch motivierte Straftaten durch Machthabende handelt, deren Tatfolgen die Souveränität anderer Staaten und die Rechte oppositioneller Gruppierungen oder Einzelpersonen in signifikanter Weise einschränken.

6.2 Psychologie

Doppelagentinnen und -agenten sind Personen, die für mehrere Nachrichtendienste arbeiten, ohne dass diese voneinander wissen (vgl. BfV 2003a: 14). Allerdings bedarf es keiner doppelten Agententätigkeit, um ein doppeltes Leben zu führen. Jede Form emissarischer Devianz macht eine gewisse Distanz zwischen dem öffentlichen Selbst und dem devianten Innenleben erforderlich – alleine zum Schutz vor (strafrechtlichen) Repressionen durch die penetrierte Entität (vgl. Wilder 2017: 19). Insofern ist das Dasein als Doppelagentin bzw. -agent lediglich die äußerste Form dieses Zustands.

Gegenstand dieses Kapitels soll die engere psychologische Betrachtung emissarischer Devianz sein. Im Rahmen einer empirischen Metaanalyse (vgl. Abschnitt 4.2) wurden u. a. bereits (Einzel-)Motivationen für Spionage, also einen Teilbereich von Agententätigkeiten gegen das eigene Land beleuchtet. Untenstehend soll eine breitere sowie rein theoretische Betrachtung des gesamten Spektrums möglicher Tathandlungen erfolgen. Die unten ausgewählten Erklärungen sind zunächst nur für Spionage gültig. Insofern sie auch für die anderen Dimensionen der Agententätigkeit, Sabotage und Einflussnahme einschlägig sind, findet dies Erwähnung. In diesem Sinne sollen zunächst die Grundelemente für emissarische Devianz (Abschnitt 6.2.1), exemplarisch zwei psychologische Erklärungsansätze (Abschnitt 6.2.2–6.2.3), Sondersituationen für Staatsdiener (Abschnitt 6.2.4) sowie relevante Nebenerkenntnisse (Abschnitt 6.2.5) beleuchtet werden.

6.2.1 Grund- und Sonderbedingungen nach Wilder 2017

Die US-amerikanische Nachrichtendienst-Psychologin Wilder geht von drei menschlichen und strukturellen Elementen als grundlegende Bedingungen für Spionage aus: erstens Persönlichkeitsstörungen, zweitens Krisensituationen und drittens Gelegenheit zur Tat (vgl. Wilder 2017: 19). Die englische Verwendung des ersten Begriffs, *dysfunctions in the personality*, erscheint im Vergleich weniger pathologisierend und soll lediglich zum Ausdruck bringen, dass Persönlichkeitselemente wie der Hang zum Nervenkitzel, Anspruchsdenken und Machtwünsche deviantem Handeln in diesem Kontext förderlich sein können (vgl. Wilder 2017: 19). Wilders Beschreibung einer *state of crisis* wohnt die kriminologische Theorie der *Rational Choice* inne (vgl. Abschnitt 8.1.5). Demnach handelt eine Person deviant, weil sie sich in einer verzweifelten Situation befindet (vgl. Wilder 2017: 19). Dies kann z. B. bereits bei großer Einsamkeit, oder dem drohenden Bekanntwerden von Untreue in der eigenen Beziehung der Fall sein. Zuletzt beschreibt der Faktor *ease of opportunity* den im Abschnitt 4.2 bereits beschriebenen Umstand, nach dem eine Person sich mehr für eine Agententätigkeit eignet, je höher ihre Sicherheitsermächtigung ist. Nach Wilder korrelieren Probleme in einem dieser Bereiche mit Problemen in den anderen beiden Bereichen (vgl. Wilder 2017: 19). Diese drei Grundelemente können ebenso Sabotage- und Einflussnahmehandlungen bedingen; wobei Einflussagentinnen und -agenten, die u. a. von staatlicher Seite damit beauftragt sind, in den demokratischen Willensbildungsprozess einzugreifen (vgl. BfV 2003a: 15; vgl. BfV, o. D.-e), sich mutmaßlich selten in den beschriebenen Krisensituationen befinden und eher kalkuliert vorgehen.

Aber auch sonderbare Persönlichkeitsstrukturen, von denen nicht jedermann betroffen sein kann und bei denen eine entsprechende Pathologisierung sachgerecht ist, können emissarisch-deviantes Verhalten fördern. So mündet Psychopathie[6] in „*Erbarmungslosigkeit, Manipulation, Streben nach Risiko und Aufregung sowie scharfsinnige[m], kurzfristige[m] taktische[m] Handeln, neben schlechter langfristiger sowie strategischer Planung*“ (Wilder 2017: 21). Psychopathische Menschen reüssieren mit ihren Neigungen vor allem in desorganisierten (Arbeits-)Sphären oder in solchen, in welchen Fehlverhalten wie Manipulation zwar möglicherweise auffällt, sich aber keine Konsequenzen daraus ergeben (vgl. Wilder 2017: 23 f.). Im selben Zusammenhang stellen narzisstische und unreife

[6] Die Erklärung kriminellen Verhaltens mit Psychopathie ist, ebenso wie der Begriff, wegen der inhärenten Pauschalität und mangelnder empirischer Belastbarkeit nicht unumstritten (vgl. Singelnstein/Kunz 2021: 102) und am ehesten für individuenbezogene Erklärungen geeignet (vgl. Singelnstein/Kunz 2021: 87).

Persönlichkeitsstrukturen ein Spionage-Sicherheitsrisiko dar, weil die damit korrespondierende Selbstüberhöhung bzw. -bagatellisierung u. a. die Abhängigkeit von Dritten fördert (vgl. Wilder 2017: 24 ff.), womit fremde Mächte in die Lage versetzt werden könnten, diese Schwachstellen zu instrumentalisieren. Obgleich derlei Persönlichkeitsmerkmale eine risikobehaftete Grundlage für Spionage darstellen – und aus oben genannten Gründen, prinzipiell auch für den Bereich der Einflussnahme – können zumindest Psychopathie und Narzissmus bei der Rekrutierung von Saboteurinnen und Saboteure mutmaßlich förderlich sein, da Sabotage in vielen Fällen eine Risikoaffinität (über den reinen Gesetzesbruch hinaus) voraussetzen dürfte.

6.2.2 „M.I.C.E."-Ansatz nach Levchenko 1988

Der übergelaufene, ehemalige Agent des russischen Nachrichtendienstes *Komitet Gossudarstwennoj Besopasnosti* (KGB) Levchenko prägte das Verständnis der (eigenen) motivationalen Faktoren für die Aufnahme von Spionagetätigkeiten für eine fremde Macht. Es handle sich dabei um Geld (*Money*), Ideologie (*Ideology*), Zwang (*Compromise/Coercion*) und Selbstwertgefühl (*Ego*) (vgl. 1988: 106).[7] Bis auf den Faktor Zwang, welcher für Einflussnahmeagentinnen und -agenten nicht anwendbar erscheint, treffen die nachfolgenden Beschreibungen auf alle drei Ausprägungen der Agententätigkeit zu.

Dass monetäre Anreize eine Kernursache für das Begehen emissarische Devianz sind, ist empirisch belegt (vgl. Abbildung 4.3). Der Annahme von Geldangeboten müssen nicht zwangsweise finanzielle Nöte zugrunde liegen (vgl. Abschnitt 4.3). Daneben sind unterschiedliche Annahmen naheliegend: der Wunsch nach adäquater Entlohnung bzw. materiellem Gewinn für getane Arbeit, das mit Geld verbundene Prestige und die Befriedigung des Egos bei Geldeinnahme (vgl. Thompson 2009: 12 ff.).

[7] Der „M.I.C.E."-Ansatz ist Gegenstand vieler Weiterentwicklungen. Neben einem solchen Ansatz im Abschnitt 6.2.3 ist das „R.A.S.C.L.S."-Modell (*Reciprocation, Authority, Scarcity, Commitment and Consistency, Liking, Social proof*) erwähnenswert (Burkett 2013), welcher (wie alle Weiterentwicklungen) darauf ausgelegt ist, noch konkreter auf grundliegende Einzelbedürfnisse von Devianten einzugehen und Agentinnen und Agenten so besser zu identifizieren.

Ideologie spielte nicht nur im Kalten Krieg eine Rolle, z. B. für Überläuferinnen und Überläufer.[8] Zur damaligen Zeit waren Ideologie bzw. mangelnde Loyalität gegenüber dem eigenen System für 14 bis 18 Prozent der Spioninnen und Spione die erheblichste Einzelmotivation (vgl. Abbildung 4.3). Obwohl globale (System-)Konflikte nicht mehr mit simplen Formeln wie „Kapitalismus gegen Sozialismus" zusammenzufassen sind, nutzen globale Mächte vergleichbare Methoden des Kalten Krieges, um ihre mit den jeweiligen Staatszielen korrespondierenden Ideologien zu verbreiten. So verwendeten die USA den Russischen Angriffskrieg auf die Ukraine als Anlass, um Nachrichtendienstmitarbeitende gegen den russischen Imperialismus zu mobilisieren und diese als Doppelagentinnen und -agenten zu werben (vgl. Osborn 2024). Russland wiederum soll nach einer bekanntgewordenen Analyse des deutschen Auswärtigen Amtes mindestens in Deutschland versucht haben, über eine Desinformationskampagne u. a. die Unzufriedenheit der Bevölkerung über Hilfeleistungen an das Kriegsziel Ukraine zu schüren (vgl. Rosenbach/Schult 2024). Ob die russische Kampagne explizit oder inzident auch der Rekrutierung oder Motivation von nachrichtendienstlichem Personal in Deutschland diente, ist hingegen nicht bekannt.

Zwang ist für die nachrichtendienstliche Zusammenarbeit womöglich die unvorteilhafteste Motivation für beide Seiten. Die Rekrutinnen und Rekruten werden mithilfe von Kompromaten zu einer Zusammenarbeit bewegt, zu welcher sie sich anderweitig nicht entschlossen hätten. Dass Alkohol- und Drogenmissbrauch dabei eine Rolle spielen können, legen empirische Daten nahe (vgl. Abbildung 4.2). Entsprechend ist damit zu rechnen, dass die Betroffenen Optionen erwägen, um sich dem Zwang einer fremden Macht schnellstmöglich zu entziehen und für diesen Zweck auch unwahre Informationen an diese weiterzugeben (vgl. Charney/Irvin 2016: 73).

Levchenkos Verständnis von Selbstwertgefühl folgte seiner selbstbezogenen Grundannahme, dass Agentinnen und Agenten vor allem Abenteuerlust verspüren (vgl. Charney/Irvin 2016: 73). Wie Wilders Ausführungen dazu nahelegen (vgl. Abschnitt 6.2.1), trifft das viel breitere Verständnis als narzisstische Persönlichkeitsausprägung eher zu, also z. B. das starke Bedürfnis nach Anerkennung durch Dritte.[9]

---

[8] Beispielhaft für Ideologie als treibendem Faktor ist der Fall von Ethel und Julius Rosenberg, die im Kalten Krieg für die Sowjetunion und gegen die USA spionierten (vgl. Stanley 1997).

[9] Auch Katz behandelt in seinem Buch *„Seductions of Crime"* die Idee von Kriminalität als *„forbidden fruit"* (1988: 72).

6.2.3 *„Five-Factor-Approach"* nach Danesy 2022

Die Untersuchung von Danesy zielt darauf ab, *„Prädiktoren für Insiderspionage in staatlichen, zwischenstaatlichen und industriellen Organisationen*" (Danesy 2022: V) zu bestimmen, damit das Phänomen zu erklären und die Prävention durch eine Vorhersagbarkeit zu ermöglichen. Als Schlüsselelemente für Insiderspionage macht Danesy dabei Auslöser (*„Trigger*"), Motiv (*„Motive*"), situative Schwachstelle (*„Situational vulnerability*"), Angebot und Nachfrage (*„Market opportunity*") und enthemmende Faktoren (*„disinhibiting factors*") aus (vgl. Danesy 2022: 120 ff.).[10]

Danesy bezieht sich mit dem Punkt Auslöser u. a. auf Wilder (vgl. Abschnitt 6.2.1), welche zu der Feststellung kommt, dass dem devianten Verhalten eine konkrete Krisensituation vorausgehen kann (vgl. 2022: 68). Er erwägt aber auch erstrebenswerte Lebensereignisse, die laut vergangenen Untersuchungen zur Aufnahme von Spionageaktivitäten geführt haben sollen, z. B. Beförderungen innerhalb der eigenen Organisation (vgl. Danesy 2022: 69 f.). Dies liege daran, dass neben jedem einschneidenden Ereignis selbst auch die menschliche Prädisposition, z. B. Werte und Ideologie, die konkrete Reaktion auf das jeweilige Ereignis prägt. Mit dieser Erkenntnis wäre u. a. der Rekrutierungsaufruf der USA vor dem Hintergrund des russischen Angriffskriegs erklärbar (vgl. Abschnitt 6.2.2).

Motive sind nach Danesy Bedürfnisse, Überzeugungen, Werte und Ideologie, welche durch Ereignisse geweckt, durch die betroffene Person als positiv oder negativ bewertet werden und die sodann handlungsleitend für deviantes Handeln sind oder nicht (vgl. 2022: 85 f.). Insofern hängen Auslöser und Motiv unmittelbar zusammen.

Als situative Schwachstellen beschreibt der Autor jeden Sicherheitsmangel in einem Sicherheitssystem, einem Verfahren oder in internen Prozessen, die anfällig für Manipulationen sind (vgl. Danesy 2022: 86 f.). Diese Schwachstellen können sowohl menschlicher Natur sein, z. B. Verbindungen ins Ausland (vgl. Abschnitt 4.2) oder psychische Erkrankungen (vgl. Abschnitt 6.2.1), als auch (prozess-)technischer Natur, z. B. tote Winkel in der Kameraüberwachung (vgl. Danesy 2022: 87 ff.).

Auch der vierte Faktor von Angebot und Nachfrage geht auf den finanziell bedingten Grund für Spionage (vgl. Abschnitt 4.2; vgl. Abschnitt 4.3) zurück.

[10] Die Faktoren „situative Schwachstellen" und „Angebot und Nachfrage" sind augenscheinlich zunächst keine psychologischen Faktoren. Sie gehen jedoch auf das von Wilder beschriebene grundlegende Element der Tatgelegenheit (vgl. Abschnitt 6.2.1) zurück und werden hier als die Weiterentwicklung dieses Punktes behandelt.

Dabei sind die Spioninnen und Spione die anbietende und die fremde Macht die nachfragende Entität; die Informationen sind die Ware (vgl. Abschnitt 1.1) und das Geld (oder eine geldwerte Leistung) ist die Tauschwährung (vgl. Danesy 2022: 90 f.). Danesy beschreibt diesen Markt als Nachfragemarkt: Die Politik (im Sinne von *policy*, also Regierungsstrategie) bestimmt darüber, welche Informationen für ihr Handeln von Relevanz sind und sich daher für einen Handel eignen (vgl. Danesy 2022: 95 ff.).

Zuletzt ist mit enthemmenden Faktoren das emotionale Innenleben eines Menschen gemeint. Dieses kann situativ für eine Entschlussfassung sorgen, z. B. temporäre Wut oder Euphorie. Es kann auch Entscheidungen fundamental zugrunde liegen, weil ein Mensch beispielsweise sensationssüchtig oder besonders extrovertiert ist. Bestimmte Charakteristika (oder Persönlichkeitsstörungen, vgl. Abschnitt 6.2.1) können eine Person besonders angreifbar (bzw. bereit für eine nachrichtendienstliche Anbahnung) erscheinen lassen (vgl. Danesy 2022: 100 ff.).

6.2.4 Verratskomplex und Korpsgeist von Staatsbediensteten

Im Bereich der Nachrichtendienstpsychologie existiert das Phänomen des sogenannten **Verratskomplexes**. Er bezeichnet (nach dem herkömmlichen Verständnis) die komplexe Gefühlswelt von Extremistinnen und Extremisten, welche als Vertrauenspersonen (V-Personen) mit Nachrichtendiensten zusammenarbeiten, um bei der Aufklärung von Bestrebungen gegen die fdGO mitzuwirken. Diese Zusammenarbeit erfordert von der V-Person den (so empfundenen) Verrat ihres ideologischen bzw. privaten Umfelds im Austausch für einen egoistischen Vorteil (und den Vorteil des verachteten Staates), beispielsweise durch finanzielle Entschädigung, Lobpreisung oder andere wirkungsvolle Stimuli, welche bei der Überwindung des Verratskomplexes behilflich sein sollen (vgl. DRB Berlin 2003: 13 f.; vgl. Wiesen 2003: 122). Damit vergleichbar ist (nur im Hinblick auf mögliche Verratsgefühle) der Einsatz von verdeckten Ermittlerinnen und Ermittlern durch die Polizei. Die für einen Einsatz qualifizierten Personen müssen zwischenmenschliche Kontakte in einem ihnen fremden Milieu aufbauen, was nach einer gewissen Einsatzdauer zur Entwicklung eines (Grund-)Verständnisses für kriminelle Verhaltensweisen oder verfassungsfeindliche Vorstellungen (oder viel eher: für die zugrundeliegenden politischen Ideen) führen kann. Diese Entfremdung mit der eigentlichen Identität kann ebenfalls komplexe Gefühle bei verdeckten Ermittlerinnen und Ermittlern hervorrufen – wobei ein *„bewusster ‚Lagerwechsel'"* (Krauß 2003: 225) als nahezu ausgeschlossen gilt (vgl. Krauß 2003: 225 f.).

Ein in diesem Zusammenhang verwandtes, wenn auch kaum vergleichbares Phänomen ist der Umgang von Polizeikräften untereinander im Berufsalltag, wenn Regelabweichungen im Dienst zur Anzeige gebracht werden sollen. Der Polizei wird regelmäßig die Fähigkeit abgesprochen, Fehlverhalten intern zu kontrollieren, zu begrenzen und adäquat zu sanktionieren. Dem liege u. a. eine gewisse *Cop Culture* (im Sinne von Polizistenkultur) zugrunde, welche zu einer falsch verstandenen Solidarität und folglich der *„Ausbildung des Code of Silence"* (Ullrich 2019: 180) führe (vgl. Ullrich 2019: 176 ff.; vgl. Jasch 2017: 102 ff.). Unabhängig von der pauschalen Natur des Vorwurfs, existiert in diesem sozialen Gefüge von Polizeibeamtinnen und -beamten unter bestimmten Umständen ein **Korpsgeist**, der bei falsch verstandener Loyalität (diese muss zuerst beim Staat liegen, dann bei anderen Polizistinnen und Polizisten) ebenfalls zu Verratsmomenten führen kann.

Auch im Kontext emissarischer Devianz – hier im Speziellen: durch Innentäterinnen und Innentätern in der deutschen Verwaltung – kommt es zum Verrat der BRD durch ihre Bediensteten; allerdings zum Vorteil einer fremden Macht, anstelle eines bestimmten Personenmilieus. Je größer die (berufliche) Nähe einer Person zum Staat ist, desto höher sind in aller Regel die Verratsgefühle gegenüber demselben im Falle illoyalen Verhaltens.[11] In der Folge müsste beispielsweise für hauptamtliche Mitarbeitende von Verfassungsschutzämtern ein geldwerter Anreiz für eine Zusammenarbeit mit einem fremden Nachrichtendienst geschaffen werden, um etwaige Verratsgefühle zu unterbinden. Davon unberührt bleiben die in Abschnitt 4.2 und Abschnitt 4.3 diskutierten Kompromatsoptionen, die Menschen über Loyalitätsstrukturen hinaus dazu bewegen können sich unfreiwillig in den Dienst einer fremden Macht zu stellen.

Eine Sonderstellung nehmen in diesem Zusammenhang Doppelagentinnen und Doppelagenten ein. Diese arbeiten für mehrere Nachrichtendienste, ohne dass diese voneinander Kenntnis haben (vgl. BfV 2003a: 14). Die duale Loyalität könnte damit ein Zugehörigkeitsgefühl zu beiden Mächten und damit ein Gefühl des mehrfachen hohen Verrats begründen. Der Bedarf für eine Kompensation kann hierbei sehr hoch oder sehr niedrig ausfallen. Das vergleichsweise sehr vielschichtige Zutreffen des Verratskomplexes bei Doppelagentinnen und -agenten veranschaulicht, dass eine allgemeingültige Aussage über die unterschiedlichen

---

[11] Dies setzt eine grundsätzliche Loyalität voraus, welche für die Zwecke dieser Arbeit allen deutschen Staatsbediensteten unterstellt wird.

Varianten von Tatbegehenden und ihre individuellen Gefühlswelten schwerlich möglich ist, da die Ausgangssituationen (motivational, finanziell, u. v. m.) stark voneinander abweichen können.

6.2.5 Relevante Nebenerkenntnisse

Neben den obenstehenden Ausführungen sind für die Typologie der Tatbegehenden weitere Erkenntnisse aus dem Bereich der Psychologie erheblich, ohne dass diese in der Vergangenheit in einen größeren analytischen Kontext gestellt worden wären.

Lee folgt der Auffassung, dass Kriminalität der Mächtigen grundsätzlich intentional sei und die intendierten Handlungen in einem Risiko-Ertrags-Verhältnis stehen müssen; Impulsverbrechen sieht er in diesem Zusammenhang als ausgeschlossen an. Dabei ist die Intentionalität auf der organisationellen Ebene (Meso- und Makroebene) naturgemäß hoch, während sie auf der exekutiven Ebene niedriger ist (vgl. 2005: 89 f.).

Brown kommt für Spioninnen und Spione nach 92 Fallstudien zum Schluss, dass ein typisches Merkmal antisoziales Verhalten basierend auf einer schweren Kindheit ist. Daneben macht er u. a. Rachegefühle und eine komplexe Selbstüberhöhung (*messiah complex*) als Faktoren aus. Mit diesen Feststellungen widerspricht er dem Ergebnis der in Abschnitt 4.2 zusammengefassten empirischen Studienlage, welche im Grundsatz nicht von komplexen, sondern eher von ordinären Charakteren und Lebensentwürfen ausgeht (vgl. Brown 1988 zitiert nach Parker/Wiskoff 1991: 32). Allerdings gibt die Forschung Brown (1988) und neben ihm auch Sarbin (1991) und Geis (1991) in einer fundamentalen Annahme Recht: „*happy people do not commit espionage*“ (Parker/Wiskoff 1991: 33).

Es ist festzuhalten, dass die meisten inländischen Emissärinnen und Emissäre ihre berufliche Funktion nicht mit der Absicht angestrebt haben, um aus dieser Position heraus zukünftig Spionage zu betreiben. Daraus ist zu folgern, dass eine Überprüfung des persönlichen und beruflichen Hintergrunds einer Person (z. B. Sicherheitsüberprüfungen) weniger zielführend sein könnte als eine Überprüfung der aktuell herrschenden Lebenssituation (vgl. Sarbin 1991 zitiert nach Parker/Wiskoff 1991: 32 f.; vgl. Geis 1991 zitiert nach Parker/Wiskoff 1991).

Abschließend kann nur das folgende Zitat von Wilder belastbar Bestand haben (vgl. Abschnitt 6.2.1), auf deren Typologieversuch sich die anderen psychologischen Erklärungsansätze mehrheitlich bezogen haben: „*No typology can encompass the full complexity of the psyche of any individual spy*“ (2017: 21).

7 Sachverhaltsanalyse

In diesem Kapitel wird der Fall eines Illegalen-Ehepaars untersucht, welches im Auftrag einer fremden Macht in bzw. gegen Deutschland spioniert hat. Es soll auch dazu dienen, basierend auf den bisherigen Erkenntnissen die zweite Forschungsfrage zu beantworten: Auf welchen soziologischen Ebenen findet emissarische Devianz wie statt?

Zu diesem Zweck erfolgt eine kurze Sachverhaltsdarstellung (Abschnitt 7.1) und die Implikationen dieses Falls für die Makro- (Abschnitt 7.2), Meso-, (Abschnitt 7.3) und Mikroebene (Abschnitt 7.4).

7.1 Fall ANSCHLAG

Das kriminelle Verhalten des unter einer Legende in Deutschland lebenden Ehepaars Heidrun und Andreas Anschlag ist namensgebend für den Spionagefall, der die Sicherheit der Bundesrepublik über 20 Jahre unentdeckt tangiert hat. Die Emissärin und der Emissär, deren Vornamen anders lauten und deren echter Familienname bis heute unbekannt ist, waren Bedienstete des russischen Auslandsnachrichtendienstes *Sluschba wneschnei raswedki* (SWR) (vgl. Schmid/Stark 2013: 28).

Das Ehepaar wurde um die 1980er Jahre erstmals mit gefälschten Dokumenten in Österreich aktenkundig. Für die Validierung des Behördengangs wurde zumindest bei Andreas Anschlag (vgl. Müller/Nagel 2012) ein Bestechungsgeld an die mit seiner Anmeldung befassten Gemeindebeamten ausgezahlt – durch den russischen Nachrichtendienst. Nach Erhalt der österreichischen Staatsbürgerschaft verzog das Ehepaar sodann ins nordrhein-westfälische Aachen. Dort führte die Familie ein unauffälliges Leben: Andreas studierte Maschinenbau und ging einem

D. Ay, *Fremde Macht*, BestMasters, https://doi.org/10.1007/978-3-658-46408-0_7

bürgerlichen Beruf bei einem Automobilzulieferer nach, Heidrun brachte ein Kind zur Welt und war Hausfrau. In Wirklichkeit dienten diese Leben jedoch nur als Fassade, um in klandestiner Weise einen Beamten aus dem niederländischen Außenministerium „abzuschöpfen" – also die nachrichtendienstlich relevanten Erkenntnisse dieser Person entgegenzunehmen (vgl. LfV BW, o. D.) – und die Erkenntnisse an den SWR zu übermitteln (vgl. Schmid/Stark 2013: 29).

Der Niederländer Raymon Poeteray war zwar kein hoher Beamter, hatte aber Zugriff auf einen relevanten Informationsfundus zur Europäischen Union, zur North Atlantic Treaty Organization (NATO) und zu behördlichen Interna. Poeteray wurde durch seine finanziell prekäre Lage, der damit korrespondierenden Krankheit seiner Frau und einer Spielsucht zu einer geeigneten Quelle der Emissärin und des Emissärs; er nahm für seine Aktivitäten umgerechnet ein Salär von ca. 72.000 Euro vom SWR entgegen (vgl. Schmid/Stark 2013: 29).

Für die Übermittlung der nachrichtendienstlich relevanten Erkenntnisse nutzte zumindest die Heidrun Anschlag eine durch den SWR zur Verfügung gestellte technische Ausstattung, die u. a. einen Laptop, einen Hochfrequenzsender, ein Kurzwellenradio und eine Ver- und Entschlüsselungssoftware umfasste – moderne Militärtechnik, die für eine Satellitenkommunikation vonnöten gewesen ist (vgl. Schmid/Stark 2013: 29: 28 f.).

7.2 Implikationen der Makroebene

Die höchst (system-)politische Natur des beschriebenen Unterfangens wird an einem Zitat der SWR-Agentenführung deutlich, die Deutschland in einer Kommunikation an die Anschlags als „'*Land des Gegners*'" (Schmid/Stark 2013: 28) bezeichnete. Der Kalte Krieg war zu diesem Zeitpunkt bereits beendet; die offizielle Kommunikation der Russischen Föderation mit westlichen Mächten war betont freundlich (vgl. Schmid/Stark 2013: 28; vgl. Müller/Nagel 2012). Zudem bezogen sich die ersuchten Informationen auf nationale und supranationale Entitäten.

Nach Festnahme der Emissärin und des Emissärs verhandelte der damalige und heutige Machthaber Wladimir Putin persönlich über einen Austausch von Agentinnen und Agenten. Im Gegenzug sollten ein für den CIA tätiger russischer Agent und ein für den BND aktiv gewesener Informant freikommen. Dieser singuläre Sachverhalt beleuchtet somit die Beschäftigung gleich mindestens vierer Emissärinnen bzw. Emissäre. Die zentrale Rolle und finale Verantwortung der (fremden) hoheitlichen Macht als Ausgangspunkt jeder emissarischen Devianz auf den unteren soziologischen Ebenen kann schwerlich in Abrede gestellt werden (vgl. Schmid/Stark 2013: 28 ff.).

7.3 Implikationen der Mesoebene

Das „*kleinräumliche Umfeld*“ (Oberwittler 2004: 141) ist im besprochenen Sachverhalt der SWR. Diese Begrifflichkeit trifft für die Beschreibung der Mesoebene im Vergleich zur übrigen soziologischen Forschung nur bedingt zu, da (auch und gerade) in der kriminologischen Forschung die Frage der Nahbereichssozialisation für die Verbrechensgenese entscheidend sein kann (vgl. Oberwittler 2004: 140 f.). Weitere Erkenntnisse zur Frage der Sozialisation im Nahbereich sind dem Abschnitt 8.1.2 zu entnehmen. Die hier in Frage stehende Sozialisation – bei dieser speziellen Kriminalitätsform kann in nahezu jedem Fall von einer Kultivierung ausgegangen werden – fand bekanntlich aus der Ferne statt; von einer vorherigen Berufsausbildung und technischen Einweisung kann aber ebenfalls ausgegangen werden (vgl. Müller/Nagel 2012).

Jedoch existieren drei wesentlich relevantere Einsichten für die Implikation der Mesoebene: solche zu erstens technischen Kapazitäten, zweitens personellen Kapazitäten und drittens zur nachrichtendienstlichen Interessendefinition. Erstens stieße die Auftragserteilung durch Makro-Akteurinnen und -Akteure, ohne die auf der Mesoebene geschaffene und betriebene technische Kommunikationsinfrastruktur, auf hohe praktische Hürden; die Auftragserfüllung auf der Mikroebene fiele anders aus oder entfiele in zahlreichen Fällen wohl gänzlich. Zweitens konnte sich das Illegalen-Paar, neben direkter Unterstützung des SWR, u. a. auch auf die regelmäßige Zuarbeit aus den russischen Legalresidenturen in der Bundesrepublik verlassen (vgl. Müller/Nagel 2012). Drittens definieren Behörden wie der SWR in Eigenverantwortung, welche nachrichtendienstlichen Ziele erfüllt und Erkenntnisse erlangt werden müssen, um die übergeordneten staatlichen Bestreben zu erreichen. In beiden Fällen ist es so, dass der Gesamtstaat mit einer großen Bandbreite von Aufgaben befasst ist (u. v. a. Gesundheitspolitik, Agrarpolitik etc.) und für jede Spezialaufgabe Einrichtungen schafft. Insofern tragen Meso-Entitäten die vorletzte Verantwortung für das Devianzaufkommen, welches auf der Mikroebene bei (nicht) erfolgreicher Umsetzung von Aufträgen den betroffenen Gefahrenabwehrbehörden in den meisten Fällen evident wird.

7.4 Implikationen der Mikroebene

Es wäre eine Fehlannahme davon auszugehen, dass für eine Analyse auf der Mikroebene nur die Betrachtung des Illegalen-Paares ausreicht. Heidrun und Andreas Anschlag sind nur zwei von mindestens sechs Emissärinnen und Emissären in diesem Fallkomplex. Der niederländische Beamte Poeteray ist ein im Zielobjekt tätiger Geheimnisträger und somit eine Innenquelle des SWR bzw. ein Emissär aus Sicht des niederländischen Staates (vgl. BfV 2003a: 25). Die russischen Führungsoffiziere im Fall ANSCHLAG (vgl. Schmid/Stark 2013: 29) gelten aus deutscher und niederländischer Sicht ebenfalls als Emissäre (vgl. BfV 2003a: 19). Die Bediensteten der österreichischen Gemeinde, die für Andreas Anschlag auf Basis gefälschter Dokumente und gegen eine Geldzahlung staatliche Urkunden ausstellten, können hier als nützliche Dritte bzw. *asset* des SWR bezeichnet werden. Sie sind nach den nationalen Maßstäben Österreichs (zumindest im strafrechtlichen Sinne) keine Emissäre, da sich ihre Aktivitäten nicht gegen das eigene Land richteten (vgl. Abschnitt 3.1).[1] Aus deutscher und niederländischer Sicht gilt sie dennoch als solche, weil ihre Aktivitäten grundlegend für die geheimdienstlichen Agententätigkeiten in Deutschland bzw. gegen die Interessen der Niederlande waren. Selbes gilt für den Anwalt des Andreas Anschlag, welcher die Beschäftigten der Gemeinde entlohnt hat (vgl. Müller/Nagel 2012).

Exemplarisch erwähnenswert erscheint außerdem der Werdegang des Poeteray zur „*Spitzenquelle*" (Schmid/Stark 2013: 29) des SWR im Fall ANSCHLAG. Seine Biografie sowie seine Lebensumstände (soweit bekannt) entsprechen den empirischen Erkenntnissen über Inlandsspione bzw. Landesverräter im Abschnitt 4.2: männlich, nach äußeren Faktoren ethnisch der Mehrheitsgesellschaft zuzuordnen (hier: gemäß dem Nachnamen), verheiratet, heterosexuell und Beschäftigter in einem ordinären Beruf (vgl. Tabelle 4.2). Poeteray nahm außerdem trotz bzw. mit diesem geregeltem Beruf die Spionageaktivität auf, erhielt für seine illegalen Dienste ein hohes Entgelt, unterlag einem Suchtverhalten und hatte – so viel legen seine Zugangsmöglichkeiten nahe – mutmaßlich (vgl. Müller/Nagel 2012) eine hohe Sicherheitsermächtigung (vgl. Abbildung 4.2). Die einzig bekannte (und naheliegende) Motivation für den Poeteray war sein Salär (vgl. Schmid/Stark 2013: 29; vgl. Müller/Nagel 2012) – Geld ist die primäre Einzelmotivation für die meisten Spionagetätigkeiten (vgl. Abbildung 4.3). Trotz Unkenntnis über individuelle Faktoren gelangt man zur Feststellung, dass sich

[1] Die mutmaßlichen (dienst-)rechtlichen Folgen der Falschbeurkundung im Amt zum Vorteil einer fremden Macht, die öffentlich nicht dokumentiert sind, bleiben von dieser Feststellung unberührt.

die empirisch belegten Erkenntnisse über (Inlands-)Spioninnen und -Spione der USA im Fall ANSCHLAG widerspiegeln. Über die übrigen Emissärinnen und Emissäre, selbst über die Familie Anschlag, ist zu wenig bekannt, um eine abschließende analoge Determination treffen zu können.[2]

[2] Aus kriminologischer Sicht ebenfalls von Interesse, wenngleich statistisch höchst irrelevant, in der Masse schwerlich zu erheben und nicht konkreter Gegenstand dieser Arbeit, ist die Weiterentwicklung der Tochter des Paares Anschlag und die der Kinder von Emissärinnen und Emissären im Allgemeinen – vor allem vor dem Hintergrund des Forschungswissens um Betroffene von sekundärer Devianz (vgl. Singelnstein/Kunz 2021: 202 ff.).

8 Adversarial Requisition and Access Theory

In diesem Kapitel wird die Theorie über feindliche Bedarfs- und Zugangslagen (*Adversarial Requisition and Access Theory*, kurz: ARA-Theorie) begründet. Gleichzeitig dient es der Beantwortung der dritten (Abschnitt 8.1), vierten (Abschnitt 8.2) und fünften (Abschnitt 8.3) Forschungsfragen.[1]

8.1 Unzulänglichkeit bestehender Erklärungsansätze

Dieses Kapitel widmet sich der Beantwortung der dritten Forschungsfrage: Sind bestehende Kriminalitätstheorien ausreichend, um das Phänomen der emissarischen Devianz zu erklären?

Ein theoretisches Erklärungsmodell ist erst dann satisfaktionsfähig, wenn es die Handlungsarten aller hier festzulegenden Tatbegehendengruppen zu erklären vermag (vgl. Abbildung 8.1).

Die hierfür relevanten Determinanten sind die Staatsangehörigkeit (Identität als in- oder ausländische Person), das Handlungsgebiet (Aktivitäten auf in- oder ausländischem Territorium) und zuletzt das vertretene Interesse (jenes einer

[1] Im Rahmen der Theoriebildung soll auf englischsprachige (Fach-)Termini zurückgegriffen werden, was den Hintergrund hat, dass die ihr zugrundeliegende Literatur zum Nachrichtendienstwesen vor allem aus ebendiesem Sprachraum stammt.

Ergänzende Information Die elektronische Version dieses Kapitels enthält Zusatzmaterial, auf das über folgenden Link zugegriffen werden kann https://doi.org/10.1007/978-3-658-46408-0_8.

D. Ay, *Fremde Macht*, BestMasters, https://doi.org/10.1007/978-3-658-46408-0_8

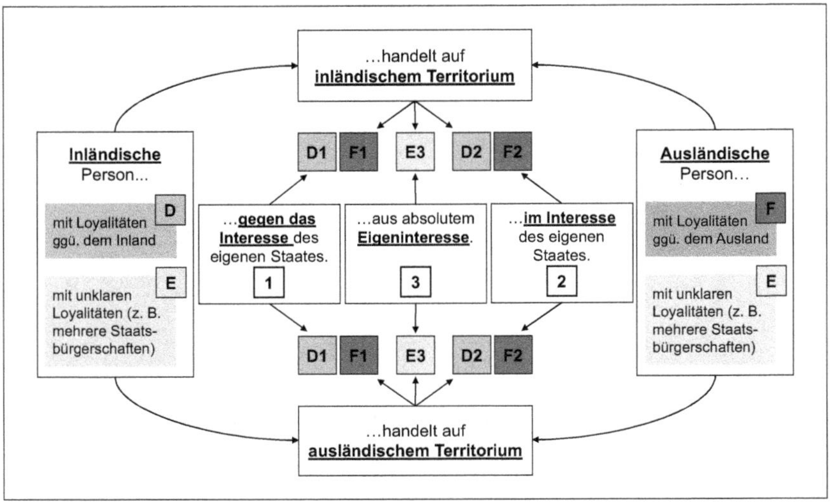

Abbildung 8.1 Identitätsgruppen tatbegehender Emissärinnen und Emissäre („Agentenring") aus bundesdeutscher Sicht. (Quelle: Eigene Darstellung)

fremden Macht, jenes der eigenen Nation oder Eigeninteresse). Anhand dieser Elemente lassen sich die fünf Tatbegehenden-Gruppen (geht man von einer binären staatlichen Konstellation aus) wie folgt benennen: *Domestic Malign Emissaries* (D1), *Domestic Benign Emissaries* (D2), *Foreign Malign Emissaries* (F1), *Foreign Benign Emissaries* (F2) und *Egoistical Emissaries* (E3).

8.1.1 Sozialstrukturelle Erklärungen

Bestimmte Theorien über Kriminalität eignen sich allenfalls wegen ihrer Allgemeingültigkeit zur Erklärung speziellen devianten Verhaltens. Dies gilt für die meisten **Anomietheorien**, welche von einem Zustand sozialer Desintegration des Individuums durch bestimmte (für jenes Individuum nachteilige) soziale Entwicklungen ausgehen (vgl. Merton 1968: 265 f.). Diese Konstellation kann auf Emissärinnen und Emissäre im Einzelfall zutreffen (z. B. bei privater Verschuldung durch Krisenerfahrungen). Gleichwohl legt die bisherige empirische Forschung nahe, dass die meisten dieser Personen ein ordinäres Leben führen (vgl. Abschnitt 4.2) und einer geregelten beruflichen Tätigkeit nachgehen (vgl. Abbildung 4.2). Die **Theorie differentieller Gelegenheiten** basiert zwar auf diesem weitestgehend unzutreffenden Anomiekonzept, beleuchtet jedoch den hier überaus relevanten Faktor des Zugriffs auf illegitime Mittel, vor allem im Sinne von Zugang zu Informationen aufgrund der Sicherheitsermächtigungen (vgl. Abbildung 4.2; vgl. Kunz/Singelnstein 2021: 124 f.). Die **allgemeine Belastungstheorie** sieht in der Stressbelastung durch Frustrationserlebnisse einen anomischen Druck, der belastete Personen zur Tatbegehung führt. Demnach haben Betroffene wenig zu verlieren und/oder sehen in ihrem devianten Verhalten ein Rachemoment (vgl. Singelnstein/Kunz 2021: 125 f.; vgl. Neubacher 2023: 113). Diese Erklärung ist beispielsweise auf unzufriedene Mitarbeitende von deutschen Nachrichtendiensten anwendbar, kaum jedoch auf ausländische Emissärinnen und Emissäre, die sich zur Ausführung eines Auftrags einer fremden Macht in Deutschland aufhalten.

Dass emissarisches Devianzhandeln auf sozialstrukturelle Gegebenheiten, also *„[charakteristische] Merkmale des sozialen Gefüges einer bestimmten Gesellschaft“* (Singelnstein/Kunz 2021: 117) zurückzuführen sein könnte, ist folglich weitestgehend unplausibel. Der Ansatz erklärt höchstens im Einzelfall, aus welchem Grund sich eine Person (im Staatsdienst) womöglich mit Tathandlungen gegen das eigene Land richtet (Gruppen D1, F1 und E3).

8.1.2 Sozialisation im sozialen Nahbereich

Die Entwicklung sozialer Wesen geschieht immer in Abhängigkeit einer wie auch immer gestalteten (Nicht-)Zugehörigkeit zu gesellschaftlichen Gruppen. Hierunter fallen u. a. Familie, Freundeskreis und berufliche Umgebung. Wenn im Sozialisationsprozess Kriminalität entsteht, wird das in bestehenden Sozialisationstheorien *„als Ergebnis misslungener Sozialisation gedeutet“* (Singelnstein/Kunz 2021: 139). Insofern könnten die Theorien grundsätzlich auf alle Tatbegehendengruppen zutreffen. Jedoch liegt darin eine Fehlannahme, da beispielsweise hauptamtliche Nachrichtendienstmitarbeitende und andere Staatsbedienstete u. a. zur Devianz kultiviert werden. Von einem Scheitern der Sozialisation kann insofern schwerlich ausgegangen werden; das Gegenteil ist der Fall, wenn für Agentinnen und Agenten der Gesetzesbruch die Konvention darstellt (vgl. Abschnitt 6.1.3).

Dennoch können wenige Elemente dieser sozialen Lerntheorien – man muss „Lernen“ nur als intentionalen Akt und nicht als schadhaften Kollateraleffekt verstehen – in Bezug auf das Konzept der emissarischen Devianz Anwendung finden. Die Theorie des **Sozialen Lernens** geht davon aus, dass belobigende und punitive Konsequenzen als Reaktion auf ein Verhalten zur Wiederholung oder

Unterlassung desselben führt. Zwar reduziert diese Annahme den Menschen in unangemessener Weise zunächst auf „*konditioniertes Erfahrungslernen*" (Singelnstein/Kunz 2021: 140), jedoch ist die grundsätzliche Annahme einer bewussten und handlungsleitenden Risiko-Ertrags-Rechnung für Emissärinnen und Emissäre nicht von der Hand zu weisen (vgl. Abschnitt 6.2.5). Beispielhaft hierfür stehen in Russland die Fälle von Andrej Lugowoi und Anna Chapman, welche im Gegenzug für ihre Agententätigkeiten im Ausland Abgeordnetenmandate in der Staatsduma erhielten bzw. erhalten sollten (vgl. Bidder 2010). Belohnungsmodelle wie dieses – das „*Lernen am Modell*" (Singelnstein/Kunz 2021: 141) – könnten für Mitarbeitende in staatlichen Strukturen als Anreiz (oder im Falle punitiver Konsequenzen, als Abschreckung) gelten (vgl. Singelnstein/Kunz 2021: 141). Daran anlehnend besteht die Theorie über **differentielle Assoziationen**, nach welcher ein „*Verhalten durch assoziative Verknüpfung in einem Kommunikationsprozess mit Personen erlernt [wird], die solche Verhaltensmuster praktizieren*" (Singelnstein/Kunz 2021: 143; vgl. Neubacher 2023: 104 f.). Je häufiger, länger und intensiver diese Binnenkohäsion stattfindet, desto effektiver wird deviantes Verhalten (nicht) erlernt (vgl. Singelnstein/Kunz 2021: 143). Diese Theorie könnte vor allem die Sozialisation von Emissärinnen und Emissären am Arbeitsplatz zum Gegenstand haben. Dasselbe gilt für die **Subkulturtheorie und Neutralisationstechniken**. Die Subkulturtheorie beschreibt eigentlich „*kollektive Reaktionen auf Anpassungsprobleme, die aus gesellschaftlich ungleichen Lagen entstehen und für die eine bestehende Kultur keine zureichenden Lösungen zur Verfügung stellt*" (vgl. Singelnstein/Kunz 2021: 144) – und kann sowohl auf jugendliche kriminelle Banden zutreffen als auch auf deutlich komplexere Organisationen (vgl. Singelnstein/Kunz 2021: 144; vgl. Neubacher 2023: 105), wie z. B. Nachrichtendienste. Die Subkultur erfordert einerseits ein normatives System und andererseits den Gegensatz zu einer (dominanten) Kultur. Auf das hier besprochene Phänomen bezogen, könnten damit die (inneren) Gesetzmäßigkeiten eines Nachrichtendienstes (normatives System) und das jeweilige Aufklärungsziel (Gegenkultur) gemeint sein. Die in diesem (und jedem) Subsystem zur Anwendung kommenden Neutralisationstechniken zur Rechtfertigung devianten Handelns sind: erstens Ablehnung der eigenen Verantwortung für Geschehnisse, zweitens Verneinung des Schadens durch das Umdefinieren des Geschehenen, drittens Ablehnung eines Opferstatus für das Opfer, weil es die Viktimisierung verdient hat, viertens Verurteilung der Verurteilenden durch Herstellung einer moralischen Äquivalenz für vergleichbare oder gänzlich andere Handlungen und 5. Berufung auf höhere Instanzen, etwa auf politische Weisungen (vgl. Singelnstein/Kunz 2021: 145 f.).

Die obengenannten Lerntheorien erklären den Werdegang von hauptamtlichen Nachrichtendienstmitarbeitenden zu devianten Akteurinnen und Akteuren. Wie bereits angesprochen, sind damit alle Tatbegehendengruppen (D1, D2, F1, F2, E3) in Teilen diskutiert. Die Theorien umfassen jedoch beispielsweise nicht inoffizielle Mitarbeitende, die im Vorfeld keine Nahbereichssozialisation in einem Nachrichtendienst erfahren haben und sich fremden Mächten dennoch für eine Zusammenarbeit anbieten (D1) oder durch das eigene Land angeworbene ausländische Gegenspioninnen bzw. -spione, wenn diese z. B. mit Geld zu einer Zusammenarbeit bewegt wurden (F1).

8.1.3 Kontrolltheorien

Die bis hierhin genannten Theorien erklären recht allgemein, aus welchen Gründen Kriminalität begangen wird und eignen sich daher nicht als Prognosemittel. Kontrolltheorien befassen sich im Gegenteil zu ihnen mit der Frage, aus welchen Gründen sich Menschen normenkonform verhalten. Im Kern geht es darum, wie das Fehlen oder die Schwäche von Kontrolle zu einem erhöhten Risiko von kriminellem Verhalten führen können (vgl. Singelnstein/Kunz 2021: 159 f.).

Die **Theorie der reintegrativen Beschämung** ist geeignet, das Verhalten von verräterischen Emissärinnen und Emissären (Gruppen D1, F1, E3) zu erklären. Sie gründet auf der Idee, dass angestrebte (deviante) Verhaltensweisen unterlassen werden, wenn deren Umsetzung auf soziale Ächtung oder Missbilligung stoßen könnte (vgl. Singelnstein/Kunz 2021: 162 f.; vgl. Neubacher 2023: 125).

Eine überaus qualifizierte Erklärung liegt in der **Kontrollbalancetheorie**. Sie besagt, dass ein unausgeglichenes Kontrollverhältnis Devianz begünstigt. Ein solches entsteht typischerweise, wenn machtvolle Personen einen Kontrollüberschuss besitzen, der zu Machtmissbrauch führt, machtlose Personen hingegen ein Kontrolldefizit aufweisen, welches sie durch deviantes Verhalten kompensieren. Machthabende verlangen in diesem Verhältnis entsprechend eine Subordination (vgl. Singelnstein/Kunz 2021: 166 f.). Die Theorie erklärt im Grundsatz, wie Machthabende (z. B. Regierungsmitglieder) sich ermächtigen und weshalb Untergebene (z. B. Mitarbeitende von Nachrichtendiensten) ihren Befehlen Folge leisten; damit ist sie die einzige weit verbreitete Theorie, welche es vermag, Kriminalität der Mächtigen zumindest allgemein zu erklären (vgl. Abbildung 8.2).

Hätte Tittle in seiner Originalthese (1995) die staatliche Binnen- bzw. Außensichten gewürdigt, so würde deutlich, dass Handlungen basierend auf einem hohen Kontrolldefizit bzw. Kontrollüberschuss nicht normabweichend sein müssen, sondern – ganz im Gegenteil – der Norm entsprechen können (vgl.

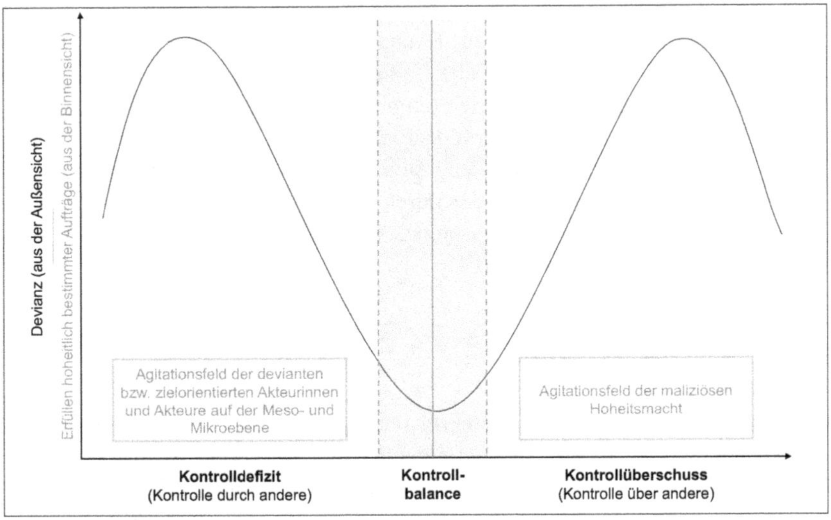

Abbildung 8.2 Kontrollbalance (inkl. des Faktors der staatlichen Binnensicht). (Quelle: Ergänzte Darstellung der Kontrollbalance gemäß Singelnstein/Kunz 2021: 167)

Abschnitt 6.1.3). Gemäß dem hier aufgestellten Standard wird von Tittle nur das deviante Verhalten der Tatbegehendengruppen beschrieben, welche in ihrem Binnensystem einer Befehlskette ausgesetzt sind, in dem sich deviante Verhaltensweisen reproduzieren (z. B. autokratische Staatssysteme, in denen politische Morde beordert werden), also ggf. die Gruppen D2 und F2. Auf Emissärinnen und Emissäre, die sich respektive an ihre gesetzlichen Aufträge halten (ebenfalls Gruppen D2 und F2) trifft die Kontrollbalance-Theorie z. B. nicht zu, sofern sie als Untergebene nicht deviant handeln. Unter gewissen Umständen erklärt die Theorie auch das Verhalten von Gegenspioninnen und -spionen bzw. Doppelagentinnen und -agenten (D1, F1, E3), sofern sie in diese Funktionen gedrängt („umgedreht“) wurden. Spielen letztere ein „doppeltes Spiel“ und handeln aus rein egoistischen Beweggründen (E3), entziehen sie sich der Machtstruktur gänzlich und die Theorie ist nicht einschlägig.

8.1.4 Spectrum-Based Theory of Enterprise

Alle Formen des organisierten Verbrechens – die Kriminalität der Mächtigen kann hierunter fallen – folgen derselben Grundstruktur. Theorien darüber beziehen sich grundsätzlich auf spezifische Organisationsstrukturen, die zumeist (privat-)wirtschaftlicher Natur sind. Exemplarisch soll für die Zwecke dieser Arbeit die ***Spectrum-Based Theory of Enterprise*** stehen, die davon ausgeht, dass alle legalen und illegalen wirtschaftlichen Aktivitäten auf einem Spektrum stattfinden, welches durch das geltende Recht der zuständigen Jurisdiktion definiert werde. Unternehmen orientieren ihr Handeln an wirtschaftlichen Bedürfnislagen und nehmen die rechtliche Zuschreibung der Illegalität dafür in Kauf (vgl. Selzer 2023: 51 f.). Dem Wort *enterprise* (Unternehmen) ist dabei eine entscheidende Rolle zuzusprechen, denn in der Kriminologie wird teilweise die Unzulänglichkeit herkömmlicher Begriffspaare wie *organized crime* diskutiert: „*'enterprise' is preferable [...] because the phenomena in question have objectives that are entrepreneurial in nature*“ (Smith 1971: 1; vgl. Selzer 2023: 53). Diese Einlassung legt nahe, dass bei der Betrachtung von deviantem Verhalten die Erwägung der sie umgebenden Mesostruktur von erheblicher Bedeutung sein kann. Diese Spektrum-Theorie ist grundsätzlich auf staatliche Strukturen übertragbar und deckt alle Handlungsstränge ab, die „gegen das Interesse“ oder „im Interesse“ (vgl. Abbildung 8.1) staatlicher bzw. staatsähnlicher Hoheiten vorgenommen werden – nicht jedoch solche, die mithilfe der besagten Mesostruktur, aber aus rein egoistischer Motivation (E3) geschehen.

8.1.5 Theorie über rationale Wahlentscheidungen

Die sogenannte ***Rational-Choice*-Theorie** betrachtet Kriminalität als ein Ergebnis rationaler Entscheidungen individueller Akteurinnen und Akteure. Die Theorie, die auf ökonomischen Prinzipien basiert postuliert, dass potenzielle Tatbegehende Kosten und Nutzen abwägen, bevor sie sich für oder gegen kriminelles Verhalten entscheiden. Entscheidungen für kriminelles Verhalten basieren auf der Abwägung von potenziellen Vorteilen wie finanziellem Gewinn, sozialem Status oder persönlicher Befriedigung gegen die Risiken und Kosten, die mit der Entdeckung und Bestrafung der Straftat verbunden sind. Diese Kosten können rechtliche Konsequenzen, soziale Stigmatisierung oder die Gefahr von Gegenmaßnahmen seitens der Opfer oder der Strafverfolgungsbehörden umfassen. Die *Rational-Choice*-Theorie hebt die Bedeutung von Gelegenheitsstrukturen und situativen Faktoren bei der Entstehung von Kriminalität hervor. Die Verfügbarkeit von

Gelegenheiten und die Wahrscheinlichkeit erwischt zu werden, beeinflussen die Entscheidung potenzieller Tatbegehender maßgeblich. So werden beispielsweise Straftaten wahrscheinlicher, wenn die potenziellen Belohnungen hoch sind und die Risiken niedrig. Präventive Maßnahmen im Rahmen der *Rational-Choice*-Theorie konzentrieren sich darauf, die Gelegenheitsstrukturen zu verändern und die Kosten für kriminelles Verhalten zu erhöhen (vgl. Mehlkop 2011: 63 ff.; vgl. Singelnstein/Kunz 2021: 176 ff.). Die Theorie ist naturgemäß geeignet, alle Handlungen der Gruppe E3 zu erklären. Auch auf die ausländischen Personen der Gruppe F2 dürfte die Theorie zumindest mehrheitlich zutreffen, insofern es sich beispielsweise um Mitarbeitende von Nachrichtendiensten wie im Fall ANSCHLAG handelt; analog gilt dies für die Gruppe D2. Mehrere Faktoren sprechen bei objektiver Betrachtung jedoch gegen die Qualifizierung als allgemeingültige Erklärung für emissarische Devianz in den Gruppen D1 und F1. Wie in Abschnitt 4.2 und Abschnitt 6.2 untersucht, sind es oft Krisensituationen oder ist es Suchtverhalten, welche ursächlich für eine erfolgreiche Anbahnung oder Überwerbung durch einen fremden Nachrichtendienst sind. Zwar kann man theoretisch betrachtet auch in diesen Fällen von einer Kosten-Nutzen-Abwägung ausgehen, jedoch erfolgt diese schwerlich nach rationalen Maßstäben – in anderen Worten: Es werden auch solchen Risiken in Kauf genommen, die nicht im Verhältnis zum Nutzen stehen.

8.1.6 Routineaktivität-Theorie

Jede Viktimisierungs-Theorie basiert auf der Vorstellung, dass bestimmte Umstände der Opferwerdung dienlich sind (vgl. Singelnstein/Kunz 2021: 292). Die **Routineaktivität-Theorie** basiert im Speziellen auf drei Hauptkomponenten: motivierte Tatbegehende, geeignete Zielscheiben und das Fehlen wirksamer Schutzmechanismen. Motivierte Tatbegehende sind Personen, die das Potenzial haben, kriminelle Handlungen zu begehen, sei es aufgrund persönlicher Eigenschaften, sozialer Umstände oder Gelegenheiten. Geeignete Zielscheiben beziehen sich auf Objekte oder Personen, die für potenzielle Tatbegehende attraktiv sind, sei es aufgrund ihres Wertes, ihrer Zugänglichkeit oder mangelnder Sicherheitsmaßnahmen. Das Fehlen wirksamer Schutzmechanismen bezieht sich auf die Abwesenheit eines Schutzregimes oder Personen, die potenzielle Tatbegehende abschrecken oder daran hindern könnten, kriminelle Handlungen zu vollziehen. Die Theorie argumentiert, dass Kriminalität am wahrscheinlichsten auftritt, wenn motivierte Tatbegehende auf geeignete Zielscheiben treffen, während das Fehlen wirksamer Wächter die Wahrscheinlichkeit weiter erhöht (vgl.

Schreck 2017: 68 ff.; vgl. Neubacher 2023: 114 ff.). Die Natur und Notwendigkeit des materiellen und personellen Geheim- und Sabotageschutzes (wirksame Schutzmechanismen) für Nachrichtendienste im Rahmen ihrer Spionageabwehr (geeignete Zielscheibe) wurde in Abschnitt 3.1 besprochen. Viktimisierungstheorien eignen sich im Grunde gänzlich, alle unter Abbildung 8.1 gefassten Konstellationen zu erklären. Jedoch war der selbstdefinierte Anspruch an eine satisfaktionsfähige Theorie ein anderer, und zwar die Handlungsarten aller Tatbegehendengruppen zu erklären – und nicht die Betrachtung der Umstände, die zur Opferwerdung führen. Auch wenn sich Viktimisierungsansätze wie die Routineaktivität-Theorie zuletzt ebenfalls nicht für die positive Beantwortung der zweiten Forschungsfrage qualifizieren, eignen sie sich am ehesten als Anknüpfungspunkt für alle Geheim- und Sabotageschutzstellen, ihre Schutzkonzepte weiterzuentwickeln.[2]

8.2 Determinanten emissarischer Devianz

Diese Arbeit hat sich im deskriptiven Teil vor allem auf die „Kriminologisierung“ des Phänomens und die Auswertung der dazugehörigen (empirischen) Erkenntnisse fokussiert. Darauf aufbauend wurden in Kapitel 6 kriminologisch relevante Parallelen der emissarischen Devianz zu anderen Phänomenen analysiert. Jedoch existieren, wie die Sachverhaltsanalyse in Kapitel 7 belegt, auch solche Eigenschaften, die das hier besprochene Phänomen maßgeblich oder exklusiv auszeichnen. Dieser Abschnitt widmet sich folglich der vierten Forschungsfrage: Welche Merkmale kennzeichnen emissarische Devianz, in Abgrenzung zu anderen Devianzphänomenen?

Dabei kann zwischen den drei Ausprägungen emissarischer Devianz unterschieden werden.

Zunächst soll die womöglich größte Dimension, die Spionage, separat diskutiert werden. Wie in Abschnitt 1.1 beschrieben, unterliegen Geheimnisse einer (unpräzisen) Wertzurechnung exkludierter Parteien, die den Anstoß zu Enthüllungsbestrebungen geben. Diese Bestrebung äußert sich dann in deviantem Verhalten, wenn Unbefugte Zugriff auf diese Geheimnisse erlangen möchten.

[2] Im Zusammenhang mit dieser Theorie ist das „Leipziger Verlaufsmodell“ besonders erwähnenswert, welches als wirtschaftskriminologisches Modell analog auf emissarische Devianz (zumindest auf Innentäterinnen und -täter der Gruppen D1, F1 und E3) anzuwenden ist. Der Anhang E „Leipziger Verlaufsmodell für wirtschaftskriminelles Handeln“ steht als elektronisches Zusatzmaterial zur Verfügung.

Darin liegt bereits die erste Voraussetzung: Ohne das **Vorliegen von Geheimnissen** kommt es nicht zu den fraglichen devianten Bestrebungen. Damit korrelieren die zweite und dritte Voraussetzung, und zwar das **Wissen um das Vorliegen** und das **Interesse am Erhalt** von Geheimnissen durch unbefugte Dritte. So ist emissarische Devianz, zumindest in Form der Spionage, die einzige Deliktsform, die exklusiv und strukturell der Wissenserlangung dient. Sie ist zwar auch immer politisch (vgl. Abschnitt 3.1), was jedoch auf jede andere Form der politisch motivierten Devianz ebenfalls zutrifft. Spezieller muss die Feststellung lauten, dass Spionage unter Umständen wirtschaftspolitisch motiviert sein kann (Wirtschaftsspionage), doch mit Blick auf wirtschaftskriminelle Aktivitäten ist auch dies keine Besonderheit.

Allen drei Ausprägungen, also auch der nachrichtendienstlichen Sabotage und Einflussnahme, liegen weitere bzw. gemeinsame Voraussetzungen zugrunde. Um das für die Aufgabenerfüllung notwendige Wissen zu erlangen, bedarf es teilweise eines enormen Mitteleinsatzes. Dieser reicht von der Legendierung der eigenen Person oder Aktivitäten über den Einsatz von Militärtechnik bis hin zur Exfiltration der Tatbegehenden durch den Entsendestaat, wenn die Enthüllungsmaßnahme misslingt oder abgewehrt wird (vgl. Kapitel 7). All dies setzt also viertens den **Zugriff auf Mittel einer staatlichen oder staatsähnlichen Hoheit** voraus. Dies gilt zweierlei: Staatliche Mittel sind sowohl die Mittel zur feindlichen Enthüllung von Geheimnissen als auch die Geheimnisse selbst und Mittel zu deren Geheimhaltung. Dem muss fünftens ein **hoheitlicher Auftrag** vorausgehen. Der Unterschied zu anderen Formen der Mittelbeschaffung bzw. Auftragskriminalität liegt hier in der Exklusivität der Staatlichkeit bzw. Hoheit und der verhältnismäßigen Grenzenlosigkeit. Sechstens nehmen die devianten Emissärinnen und Emissäre im Mindestfall zwei **Rollen** ein – die als Exekutiventität zweier im (inoffiziellen) Konflikt befindlichen Mächte (Gruppe E3) oder als Exekutiventität einer fremden Macht, die sich der eigenen Nation gegenüber als solche nicht zu erkennen gibt (Gruppen D1 und F1). Dass es sich bei wirtschaftlicher und emissarischer Devianz gleichermaßen um Distanzdelikte handeln kann, wurde im Abschnitt 6.1.3 festgestellt. Jedoch besteht bei Emissärinnen und Emissären ein großes und angestrebtes Ungleichgewicht in der Kenntnis über das oder die Opfer. Die Beziehung lässt sich also siebtens, über das reine Distanzverhältnis hinaus, als **unfreiwilliges parasoziales Verhältnis** bezeichnen. Ursprünglich aus der Medienwissenschaft bekannt (vgl. Hartmann 2017: 9 ff.), beschreibt es ein ungleiches Wissens- und Kennverhältnis zwischen dem Zielobjekt (traditionell z. B. Schauspielerinnen und Schauspieler) und den Zuschauerinnen und Zuschauern. Im Fall ANSCHLAG (vgl. Kapitel 7) kannte und übermittelte das Ehepaar sehr intime Informationen über den von ihnen angeleiteten Poeteray an den SWR (vgl.

Müller/Nagel 2012). Obwohl dieser also bereits mit ihnen kooperierte, reicherten sie – mutmaßlich ohne dessen Zustimmung oder Wissen – weitere, belastende Erkenntnisse über ihn an. Es sind diese Eigenschaften, ohne die emissarische Devianz nicht in Erscheinung treten kann.

8.3 Staaten und ihre Gesandten: ein Bedarfslagen-Ansatz

Nachdem bisherige Kriminalitätstheorien sich als unzureichend herausgestellt haben (vgl. Abschnitt 8.1) und die bestimmenden Determinanten für emissarische Devianz besprochen bzw. festgelegt werden konnten (vgl. Kapitel 6; vgl. Abschnitt 8.2), widmet sich dieses Kapitel schließlich der fünften Forschungsfrage: Wie ist eine Kriminalitätstheorie gestaltet, die emissarische Devianz erklärt?

Der Name *Adversarial Requisition and Access Theory* erfüllt mehrere Zwecke. Die Namensbestandteile leiten sich aus den in Abschnitt 8.2 identifizierten Determinanten ab: die des (inoffiziellen) zwischenstaatlichen Konflikts auf der Makroebene (*Adversarial*), der Feststellung einer Bedarfslage (in Form der zu akquirierenden Geheimnisse) durch eine hoheitliche Entität auf der Mesoebene (*Requisition*) und der für die Befriedigung dieses Bedarfs benötigten Zugangs einer oder eines Tatbegehenden auf der Mikroebene (*Access*). In derselben Reihenfolge beschreibt er im Übrigen die handelnden Akteurinnen und Akteure auf jeder Ebene: die Hoheitsmacht mit maliziösen Zielen (in der Regel Staaten, Makroebene), die mit der Umsetzung betraute hoheitliche Entität (z. B. Nachrichtendienste, Mesoebene) und die tatbegehenden Individuen (z. B. Spioninnen und Spione, Mikroebene) (vgl. Tabelle 8.1).

Tabelle 8.1 Erklärungsumfang der ARA-Theorie

	ARA-Dimension	Handelnde Entität
Makroebene	*Adversary* (Antagonist)	Hoheitsmacht mit maliziösen Zielen
Mesoebene	*Requisition* (Bedarfslage)	Umsetzende hoheitliche Entität
Mikroebene	*Access* (Zugangslage)	Tatbegehende Individuen

Quelle: Eigene Darstellung

Eine Kriminalitätstheorie hat den Selbstanspruch die Frage zu beantworten, aus welchen Gründen Menschen deviantes Verhalten zeigen und welche Faktoren dazu führen, dass es entsteht und sich verbreitet (vgl. Abschnitt 1.4).

Für die Makroebene ist diese Frage einfach zu beantworten. Es ist eine offensichtliche Einsicht, dass Hoheitsmächte – genauer: ihre Repräsentantinnen und Repräsentanten – politische und wirtschaftliche Interessen verfolgen. Spionage, Sabotage und Einflussnahme (geheimdienstliche Agententätigkeiten) sind Mittel zur Verfolgung dieser Interessen. Zwar kommen diese auch in Kriegen zum Einsatz, doch wären sie ein Ausdruck definitiver kriegerischer Auseinandersetzungen, würde sich das Völkerrecht zu ihnen verhalten (vgl. Abschnitt 4.5). Folglich sind Devianzhandeln fördernde (Friedenszeit-)Agitationen fremder Mächte stets Unterfangen ohne Ende (vgl. Bitton 2014: 1018 f.): es wird sie immer geben, solange Hoheitsmächte Interessen verfolgen. Für die Mesoebene – hier im Speziellen: administrative Einrichtungen als Ausdruck der Staatsorganisation – ergibt sich aus den politischen und wirtschaftlichen Zielen eine (gesetzlich) bindende Auftragslage. Auch sie wird es, ebenso wie die sie umgebende und begründende staatliche bzw. staatsähnliche Struktur, immer geben (vgl. Abschnitt 7.3). In dieser Unendlichkeit liegt mutmaßlich auch der Grund für den taktisch bedingten Duldungshabitus (vgl. Abschnitt 4.4.1) von Hoheitsmächten, die dem Übergriff fremder Mächte bzw. Nachrichtendienste ausgesetzt sind: Zwar könnten emissarische Aktivitäten bei Entdeckung unmittelbar unterbunden werden, womit dem (nachrichtendienstlichen und ggf. polizeilichen) Gefahrenabwehrrecht formell entsprochen werden würde. Jedoch muss davon ausgegangen werden, dass diese Agententätigkeiten auf andere Weise bzw. durch andere Personen wieder aufgenommen werden. In der Folge kann es (zumindest aus Sicht der Verfassungsschutzbehörden) durchaus von Vorteil sein, die bekannten Strukturen und die darin stattfindenden nachrichtendienstlichen Aktivitäten gewähren zu lassen und auf mögliche Ermittlungserfolge, z. B. im Sinne von polizeilichen Exekutivmaßnahmen, zu einem späteren Zeitpunkt hinzuwirken. Denn auch, wenn die passive Duldung von Agententätigkeiten für sich genommen unter den Straftatbestand des § 99 StGB fallen kann (vgl. Abschnitt 3.2), ist der Umstand dadurch gerechtfertigt, dass die Duldung langfristig auf die tiefere nachrichtendienstliche Aufklärung des Deliktgeschehens und die sie umgebenden Strukturen abzielt. Wie die Ausweisung von Nachrichtendienstangehörigen im Jahre 2023 zeigt (vgl. Abschnitt 1.2), ist das Aussetzen staatlicher Intervention im Falle von Konflikten ein geeignetes politisches Machtinstrument.

Die Mikroebene stellt bei der Erklärung devianten Verhaltens für dieses Phänomen eine besondere Schwierigkeit dar. Während der Einzelfall stets mit den diversen, in Abschnitt 8.1 dargelegten Kriminalitätstheorien erklärbar sein wird, vermögen sie nicht zu umfassen, weshalb die Gesamtheit der vielfältigen Devianzformen (vgl. Tabelle 4.1) und darüber hinausgehender Aktivitäten (hier vor allem nachrichtendienstliche Einflussnahme) geschieht und ob eine allgemeingültige (Meta-)Motivation existiert.

Die ARA-Theorie ist eine kriminologische Bedarfslagentheorie. Sie geht davon aus, dass nicht primär Elemente wie Anomiedruck oder individuelle Gewinnerzielungsabsichten die Handlung der tatbegehenden Individuen lenkt und zur Erfüllung jener Bedarfslage führt. Viel eher ist die Bedarfsbefriedigung für Dritte, im Sinne der Auftragserfüllung, die primäre Determinante. Sofern andere, z. B. die eben genannten Erwägungen eine Rolle spielen, sind sie sekundärer Natur. Diese Reihenfolge bestimmt sich durch die folgende Tatsache: Der Auftrag der Hoheitsmacht ist ein geeignetes und opportunes Vehikel zur Kompensation dieser Sekundarelemente. Folglich wird erst der übergeordneten Bedarfslage – dem nachrichtendienstlichem Auftrag – entsprochen, um im Ergebnis den Anomiedruck zu dekomprimieren (vgl. Abschnitt 8.1.1), der eigenen Sozialisation zu entsprechen (vgl. Abschnitt 8.1.2), sich dem Kontrollgebilde zu fügen (vgl. Abschnitt 8.1.3), den (wirtschaftlichen) Strukturabsichten gerecht zu werden (vgl. Abschnitt 8.1.4), den maximalen (monetären) Nutzen zu erzielen (vgl. Abschnitt 8.1.5) und einen Anreiz zu haben, Sicherheitsdefizite gezielt zu missbrauchen (vgl. Abschnitt 8.1.6). Insofern ist die Bedarfslagentheorie eine Metatheorie, als dass sie die Notwendigkeit zur Erfüllung eines vorgelagerten Bestrebens für die Erfüllung zugrundeliegender Bestreben beschreibt. Nur so (vgl. Abbildung 8.3) gelingt die Erklärung für ein denkbar breites Deliktsspektrum (vgl. Tabelle 4.1) und darüberhinausgehendes nachrichtendienstliches Devianzverhalten (Einflussnahme).

Um dieser doppelten Bedürfnislage entsprechen zu können, steht Emissärinnen und Emissären grundsätzlich die gesamte Bandbreite nachrichtendienstlicher Methoden zur Verfügung – bis hin zum Einsatz von Militärtechnik (vgl. Abschnitt 7.1). Jedoch ist beim Mitteleinsatz für die Tatbegehung grundsätzlich von einer schrittweisen Eskalation auszugehen. Hierfür gibt es in der Regel zwei Gründe: die Verhältnismäßigkeit des Mitteleinsatzes erstens in juristischer und zweitens in substanzieller Hinsicht. Der erste Aspekt ist zumindest in demokratischen Rechtsstaaten ein Faktor (vgl. Abschnitt 4.1.2). Jedes bundesdeutsche Nachrichtendienstgesetz schreibt die Wahrung dieser Verhältnismäßigkeit u. a. in den Befugnisnormen vor (vgl. § 8 Abs. 2 S. 2 BVerfSchG, § 2 Abs. 4 BNDG, § 4 Abs. 1 S. 1 MADG). Ob die Rechtsnormen fremder Mächte dieser oder einer vergleichbaren Rechtsdogmatik folgen, ist aus deutscher Sicht unerheblich, da jede nachrichtendienstliche Aktivität, sofern nicht explizit gestattet, kategorisch unerwünscht ist und darüber hinaus als Devianz und Souveränitätsverletzung

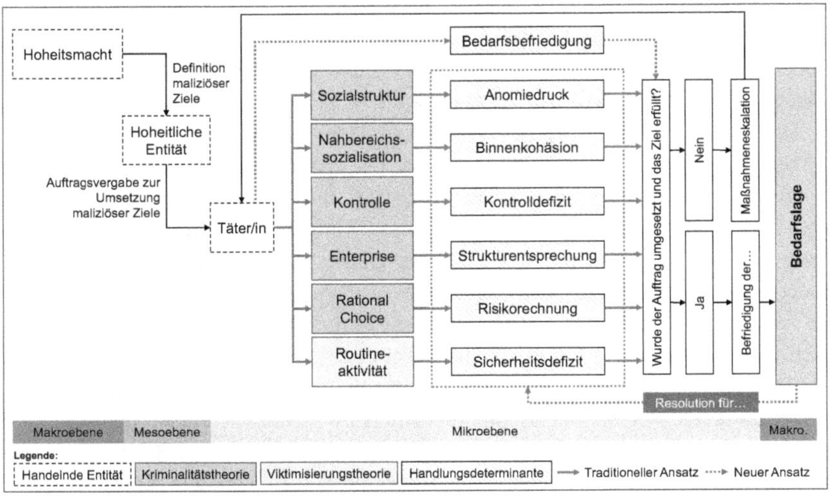

Abbildung 8.3 Existenz einer vorgelagerten (Meta-)Motivation (in Form der primären und sekundären Bedarfsbefriedigung) im Kontext emissarischer Devianz. (Quelle: Eigene Darstellung)

zu werten ist. Der zweite Aspekt der substanziellen Verhältnismäßigkeit ist aus der Sicht des auftraggebenden Nachrichtendienstes relevant. Dieser hat ein naturgemäßes Eigeninteresse, seine personellen und materiellen Ressourcen sparsam bzw. ziel- und zweckgerichtet einzusetzen. Ist der erhoffte Erkenntniswert hoch, kann im Grundsatz von einem erhöhten Mitteleinsatz ausgegangen werden.

Ein zurückhaltender Mitteleinsatz, z. B. die Sammlung und Auswertung offener Informationen (wie beim in Abschnitt 4.1.2 beschriebenen Sachverhalt) ist multipotent: Er gestattet das Sammeln von fremdproduzierten Informationen (z. B. Zeitungsartikeln), woraus sich in nur beschränktem Rahmen mehrere Ermittlungsansätze entwickeln können. Besonders eingriffsintensive Methoden, wie z. B. das Abhören von Telefonaten oder der Einsatz menschlicher Quellen (vgl. Kapitel 7), können einen nahezu unermesslichen Erkenntnisbestand mit unzähligen weiteren Ermittlungsansätzen produzieren und sind daher totipotent. In einigen Fällen, z. B. bei der rein stationären Überwachung einer Haustür (Observation), ist der Erkenntniswert auf ein spezifisches Datum beschränkt (in diesem Fall: Komm- und Gehzeiten), womit eine Maßnahme als unipotent gilt. Die inhärente Potenzialität der ausgewählten Methode(n) im Rahmen einer Tatbegehung korreliert, durch den mit ihr korrespondierenden Aufwand bzw. der erzielten Außenwirkung, unmittelbar mit der Wahrscheinlichkeit, von Gefahrenabwehrbehörden entdeckt zu werden (vgl. Abbildung 8.4) – emissarische Delikte sind Kontrolldelikte (vgl. Abschnitt 4.1.3).

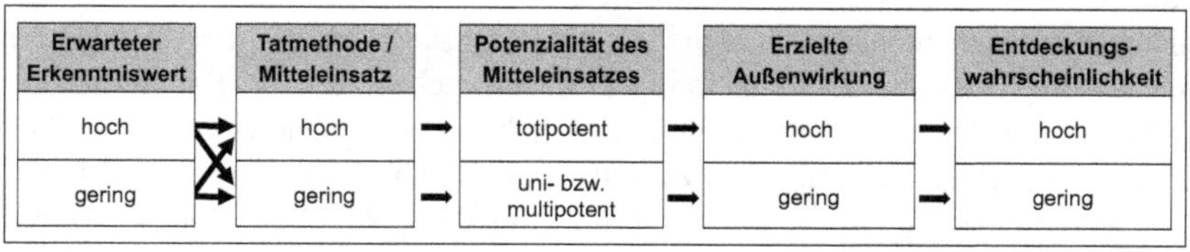

Abbildung 8.4 Korrelation zwischen Tatmethode und Entdeckungswahrscheinlichkeit im Kontext emissarischer Devianz. (Quelle: Eigene Darstellung)

Unabhängig davon, dass die Kontrolle oder gar Abwehr emissarischer Devianz bereits kategorisch schwierig ist, wird die Identifizierung der Tatbegehenden noch durch einen zusätzlichen Umstand erschwert. Die wenigsten Emissärinnen und Emissäre gehen offen mit ihrer Identität als solche um (vgl. Abschnitt 8.2), da sie qua Definition in einer Jurisdiktion agieren, in dem ihr Handeln Anknüpfungspunkt für nachteilige Rechtsfolgen sein kann. Die Minimierung der Entdeckungswahrscheinlichkeit setzt eine mimetische Angleichung voraus. Der Extremismusforschung ist diese rein oberflächliche Identitätsangleichung als politische Mimikry bekannt. Sie beschreibt die intentionale und protektive „*kulturelle [Transformation]*“ (Brodkorb 2010) eines Individuums oder einer Gruppe, mit dem Ziel der äußeren Nachahmung bei gleichbleibender innerer Beschaffenheit (vgl. Brodkorb 2010). Auf den ersten Blick besteht kein Unterschied zwischen sich tarnenden Emissärinnen bzw. Emissären und solchen Personen, die ordinäre Delikte verüben (z. B. Diebstahl) und die sich ebenfalls der Strafverfolgung entziehen möchten. Bei exakter Betrachtung muss aber festgestellt werden, dass – ebenso wie im politischen Extremismus – die Transformation in „das Andere“ der Ausgangspunkt der Agitation ist und nicht eine ihrer Folgen.

Über die motivatorischen und methodischen Aspekte hinaus stellt sich zuletzt die Frage der Tatbegehendenidentität. Diese ist ungleich der Typologie, deren Versuch in Abschnitt 6.2 weitestgehend generische Einsichten zugelassen hat. Die Nutzung des Begriffs Emissärin bzw. Emissär in dieser Arbeit sollte, wie im Abschnitt 3.2 erläutert, der Überwindung der alltagssprachlichen Konfusion zwischen Agentin und Spionin bzw. Agent und Spion dienen und die wissenschaftliche Auseinandersetzung erleichtern. Zudem eröffnet sich für die kriminologische Forschung die Möglichkeit der Schaffung einer von Strafrechtsnormen unbelasteten Definition – Agententätigkeit wird in der Bundesrepublik vor allem mit Kriminalität assoziiert, geht jedoch darüber hinaus. Die Unterscheidung ist elementar, da es neben vielen wissenden und rationalen Akteurinnen und Akteuren auch solche gibt, denen nicht bewusst ist, dass sie von Nachrichtendiensten instrumentalisiert werden („*unwitting agent*", vgl. Kapitel 1). Letztere müssen trotzdem als Gesandte fremder Mächte gelten. Ein im Rahmen dieser Arbeit entstandenes Glossar hat den Anspruch, einen umfangreichen Überblick über die verschiedenen Varianten zu liefern, als welche Emissärinnen und Emissäre in Erscheinung treten können (vgl. Abbildung 8.5).[3] Es enthält sowohl Definitionen der in dieser Arbeit referenzierten Varianten und auch solcher Varianten, die aus Kapazitätsgründen nicht besprochen werden konnten.

Nicht in jedem Fall gelingt eine exakte Unterscheidung zwischen den einzelnen Identitäten, da sie u. a. in Personalunion wahrgenommen werden können. So fungierte der russische Emissär Andreas Anschlag (vgl. Abschnitt 7.1) zeitgleich als Illegaler (Variante I) und Tipper (Variante III), bevor er in Abwesenheit für seine Dienste zusätzlich zum Abteilungsleiter des SWR befördert wurde (vgl. Müller/Nagel 2012; vgl. Abbildung 8.5).

Emissarischer Devianz fehlt – gemäß des beschriebenen Bedarfslagen-Ansatzes – ohne eine hoheitliche Macht und deren Strukturen jede Grundlage. Sie sind der Nukleus des hier ausgearbeiteten Phänomens. Gleichzeitig sind die Implikationen der Makro- und Mesoebene so einleuchtend wie simpel erklärt, während die Betrachtung der Mikroebene wegen der zahlreichen möglichen Deliktsformen und denkbaren Motivationen eine Metabetrachtung für das bessere Verständnis erforderlich macht. Die ARA-Theorie verbindet den vergleichsweise kurzen Prozess (vgl. dazu Abbildung 8.3) der Auftragsdefinition (Makroebene) und -vergabe (Mesoebene) mit dem hier ausführlich dargelegten Verlauf und den Problemstellungen der Tatbegehung bzw. -erfüllung (Mikroebene); im Mittelpunkt steht eine Kodependenz der staatlichen Strukturen und tatbegehenden Individuen, welche in aller Regel nur letztere benachteiligt und sie isoliert der (Straf-)Verfolgung aussetzt.

---

[3] Der Anhang F „Glossar" steht als elektronisches Zusatzmaterial zur Verfügung. Das Glossar erhebt keinen Anspruch auf Vollständigkeit. Angesichts der Dynamik des Themas und des technologischen Fortschritts bedarf es einer steten Weiterschreibung. Man betrachte allein die Evolution von Desinformationsstellen im Kalten Krieg, welche im Internetzeitalter häufiger in Form von Trollfabriken auftreten (vgl. Rid 2019).

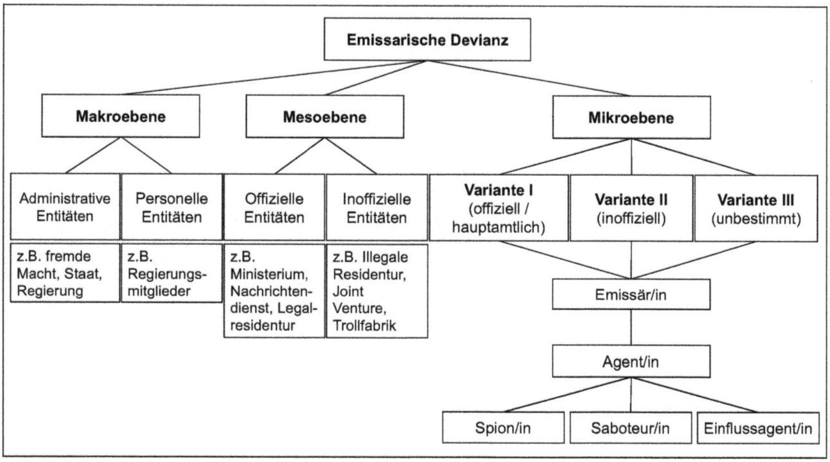

Abbildung 8.5 Kategorisierung der Tatbegehendenidentitäten. (Quelle: Eigene Darstellung gemäß Glossar im Anhang F)

Fazit und Diskussion 9

Ziel dieser Arbeit war die „Kriminologisierung" sowie kriminologische Aufarbeitung eines von der deutschsprachigen Wissenschaft bislang weitestgehend übersehenen, wenngleich ubiquitären Devianzphänomens aus Sicht der BRD. Dass eine nationale bzw. regionale Auseinandersetzung mit der Thematik von Bedeutung ist, legen die hier zutage getretenen Hürden bei der Untersuchung einschlägiger Fallzahlen dar. Während die phänomenologische Forschung in Deutschland unter geheimdienstlichen Tätigkeiten Spionage, Sabotage und Beeinflussung versteht, sammelt sie, ebenso wie die zuständigen Gefahrenabwehrbehörden, keine (öffentlich verfügbaren) Daten gemäß dieser drei Kategorien. Durch den hier vollzogenen Rückgriff auf ausländische Forschungszahlen lassen sich nur begrenzt qualifizierte Aussagen über das Phänomen treffen, denn sie ermöglichen, durch die extensive empirische Untersuchung von (landesverräterischer) Spionage, aus deutscher Sicht lediglich eine Teilbetrachtung. Der innerdeutschen Forschung bleibt lediglich die Betrachtung von staatlichen Interventionen im Zusammenhang mit nicht näher spezifizierten Agententätigkeiten, wie sie jedes Jahr im Verfassungsschutzbericht des BfV Erwähnung finden. Dass die Zahlen aus dem Justizressort in gleich elf von 13 dokumentierten Jahren abweichen, ist disruptiv für alle Forschungsvorhaben in diesem Bereich. Gleichwohl waren die beschriebenen Herausforderungen und das Forschungsdefizit der Impetus, der prägend für die in dieser Form erstmalige Auseinandersetzung und die Formulierung der hier behandelten Forschungsfragen ist.

Ergänzende Information Die elektronische Version dieses Kapitels enthält Zusatzmaterial, auf das über folgenden Link zugegriffen werden kann https://doi.org/10.1007/978-3-658-46408-0_9.

D. Ay, *Fremde Macht*, BestMasters, https://doi.org/10.1007/978-3-658-46408-0_9

Zuerst galt es die Frage zu beantworten, ob emissarische Devianz durch einen Teilbereich der Kriminologie bereits behandelt wird und in der Folge, ob Kritik an der bisherigen kriminologischen Forschung gerechtfertigt ist. Die Auseinandersetzung mit dieser Frage im sechsten Kapitel bringt ein gespaltenes Ergebnis hervor. Emissarische Devianz ist zweifellos eine Ausprägung der Kriminalität der Mächtigen. Dabei macht es jedoch einen definitorischen Unterschied, ob sie beispielsweise von Nachrichtendienstangehörigen (Berufskriminalität) oder unbeteiligten Dritten (Auftragskriminalität) verübt wird. Eine im gesamten Forschungsfeld nicht erörterte Ausprägung sind *unwitting agents*, die unter Ausnutzung eines Vorwands (z. B. Romeo- oder Venusfalle) zu widerrechtlichem Verrat von Staatsgeheimnissen bewegt werden. Auch sie begehen Kriminalität (für Mächtige) und sind im Moment der Tatbegehung Gesandte, jedoch setzt sich die Kriminologie mit dieser Form der Tatbegehung nicht auseinander. Dass es sich dabei statistisch um eine Minderheit der Tatbegehungen handeln dürfte, ist für Wissenschaftlerinnen und Wissenschaftler kein valides Argument für eine mangelhafte Auseinandersetzung. Immerhin zeigen die Einsichten aus der Wirtschaftskriminologie im Allgemeinen und die Zahlen zu Schäden durch Wirtschaftsspionage im Speziellen, dass eine geringe Zahl von Verstößen für einen erheblichen Teil des volkswirtschaftlichen Schadens verantwortlich sein kann. Nicht umsonst setzt der *Espionage Act* in den USA die Beschaffung und Weitergabe von Verteidigungsinformationen unter besonders schwere Strafe: Durch den drohenden Verlust eines Krieges aufgrund des unbefugten Zugangs zu militärischem Wissen einer gegnerischen Macht, ist auch ein hoher menschlicher, materieller und wirtschaftlicher Schaden zu erwarten. Die Kriminalität der Mächtigen beschreibt das hier ergründete Phänomen der emissarischen Devianz also bestenfalls inzident, vermag es jedoch nicht eine ganzheitliche Auseinandersetzung anzubieten. Dies ist aber zwingend notwendig, betrachtet man das in dieser Arbeit herausgestellte mutmaßlich weiterhin sehr hohe Dunkelfeld im Bereich der emissarischen Devianz. Der hier untersuchte zweite Teilbereich der Kriminologie, die Psychologie, setzt sich vergleichsweise deutlich spezifischer mit emissarischer Devianz auseinander: in Form der Tatbegehendentypologie. Zwar lässt sie nur weitestgehend generische Einsichten zu, wie die naheliegende Kombination aus bestimmten Motivatoren in Verbindung mit der Gelegenheit zur Tatbegehung. Jedoch eröffnet sie auch die Möglichkeit zur Innovation, wie die hier vorgenommene Verbindung des nachrichtendienstlichen Verratskomplexes, ursprünglich eine Beschreibung für Untreue innerhalb politisch extremistischer Szenen, mit teilweise fehlgeleiteten Loyalitätsbefindlichkeiten innerhalb behördlicher Strukturen (*Cop Culture* bzw. Korpsgeist) und jenen zwischen abtrünnigen Staatsbediensteten (Landesverrat) und ihrem Staat.

Auch die Ergebnisse der psychologischen Betrachtung des Untersuchungsgegenstands verdeutlichen demnach, dass eine spezifischere Auseinandersetzung der Kriminologie mit emissarischer Devianz notwendig ist.

Zum Zwecke der Beantwortung der zweiten Forschungsfrage wurde untersucht, auf welchen soziologischen Ebenen emissarische Devianz wie stattfindet. Für eine geeignete Sachverhaltsanalyse bot sich hierfür die Untersuchung des Falles ANSCHLAG im siebten Kapitel an, weil er die Interdependenz der Makro-, Meso- und Mikroebene für die Kriminalitätsplanung und eine erfolgreiche Tatbegehung in geeigneter Form offenlegt. Die Untersuchung des Falles hat ergeben, dass emissarische Devianz ein mehrebenen-faktorielles Phänomen ist. Denn es ist evident, dass die Emissärinnen und Emissäre auf der Mikroebene mittelbar oder unmittelbar in Verbindung mit einer kleinräumlichen Umwelt (dem sie kultivierenden Nachrichtendienst) stehen und ihr deviantes Handeln nicht nur maßgeblich von eben dieser abhängt, sondern ohne die es für dieses Handeln keinerlei Veranlassung oder praktische Möglichkeit gäbe. Der Nachrichtendienst als Meso-Akteur wiederum ist eine Manifestation der Staatsorganisation und ein Organ zur Erreichung der übergeordneten politischen Ziele. Der Zusammenbruch der Sowjetunion und die gleichzeitige Aufrechterhaltung des Illegalen-Programms durch die neue Russische Föderation zeigt aber eindrücklich auf, dass ein Zusammenbruch der für die Devianz ursächlichen bürokratischen Staatsstrukturen keinesfalls ausreicht. Viel eher kommt es auf den endgültigen Entfall der maßgeblichen politischen Verantwortungsträgerinnen und -träger an. Staatliche Strukturen (Mesoebene) und exekutive Entitäten (Mikroebene) werden sich immer wieder um diese herum bilden.

Für die Beantwortung der dritten Forschungsfrage wurde überprüft, ob bestehende Kriminalitätstheorien ausreichen, um das hier begründete Phänomen der emissarischen Devianz zu erklären. Hierfür zweckdienlich war zunächst die Beschreibung und Visualisierung des sogenannten „Agentenrings“, der die fünf Identitätsgruppen tatbegehender Emissärinnen und Emissäre darstellt – auf Basis von Loyalität, Herkunft und Interessenleitung. Stimmte eine Kriminalitätstheorie mit einer der Tatbegehendengruppen nicht überein, war sie nicht oder nur teilweise geeignet das Devianzphänomen zu erklären. Durch das Vorhandensein etablierter und auch jüngerer Kriminalitätserklärungen war eine ausführliche Prüfung möglich. Sie führte unvermutet zur Einsicht, dass emissarische Devianz womöglich durch gewisse Viktimisierungstheorien gut erklärbar ist. Doch war Sinn und Zweck dieser Arbeit, die Umstände der Begehung von Taten zu erklären, nicht die der Opferwerdung. Während Anomietheorien u. a. zu erklären vermögen, warum deutsche Nachrichtendienstangehörige Landesverrat begehen könnten und Sozialisationstheorien, was ausländische Nachrichtendienstangehörige womöglich zur Erfüllung ihrer Aufgaben gegen die Interessen Deutschlands bewegt, erwies sich die Kontrollbalance-Theorie von Tittle vor allem als geeignet, die Devianz von nicht-hauptamtlichen Emissärinnen und Emissären zu erklären. Keine der Kriminalitätstheorien vermag es, alle Aktivitäten der Identitätsgruppen im „Agentenring" zu beschreiben. Außer Tittles Theorie beschreibt zudem keine der anderen Erklärungen jenen zentralen Einfluss, den eine (hoheitliche) Machtstruktur auf Devianzverhalten auf der Mikroebene hat. *Enterprise*-Theorien wie jene von Smith, welche von Handlungen basierend auf der (wirtschaftlichen oder politischen) Ratio unternehmerischer (analog: behördlicher) Strukturen ausgehen, erklären zwar das planmäßige Vorgehen im Interesse dieser Entitäten, nicht jedoch emissarische Aktivitäten aus egoistischer Motivation heraus bzw. solche, die auf pathologische Verhaltensstrukturen zurückzuführen sind. Zuletzt hat sich selbst eine der allgemeingültigsten Theorien, die *Rational-Choice*-Theorie, nicht als geeignete Erklärung bewährt und zwar für solche Konstellationen, in denen (unfreiwillige) Emissärinnen und Emissäre durch Mittel wie Erpressung dazu gebracht werden, ein Risiko für sich in Kauf zu nehmen, welches nicht im Verhältnis zum persönlichen Nutzen der Tatbegehung steht. Die Überprüfung bestehender Theorien hat somit ergeben, dass diese nicht ausreichen um das Phänomen der emissarischen Devianz adäquat zu erklären.

Jedoch musste für die Entwicklung einer geeigneten Theorie im Rahmen einer vierten Forschungsfrage evaluiert werden, welche Merkmale emissarische Devianz in Abgrenzung zu anderen Devianzphänomenen kennzeichnen. Dabei war die Exklusivität von Eigenschaften keine Voraussetzung, sondern ihre Natur als Kernmerkmal. So sind sowohl Spionage, Sabotage als auch Einflussnahme vom Vorliegen, Wissen um das Vorliegen und Interesse am Erhalt von Geheimnissen geprägt. Dass dies auf Spionage zutrifft, liegt in der Natur der Sache. Sabotage- und Einflussnahmeoperationen könnten zwar auch ohne zugrundeliegende Geheimnisse auskommen, jedoch basieren sie mutmaßlich auf geheimem (oder zumindest nachrichtendienstlich verwertetem) Wissen. Die Sprengung der Nordstream-Pipelines (Sabotage) könnte, ebenso wie die antisemitisch motivierte Sachbeschädigung in Frankreich mit Davidsternen (mögliche Einflussnahme) nachrichtendienstliche Implikationen haben. Die Forschung krankt an dieser Stelle an der Tatsache, dass Verdachtsmomente wie diese im Einzelfall nur schwerlich zu erhärten sind. Die mehrfach beschriebene Abhängigkeit von einer staatlichen oder staatsähnlichen Hoheit – also ihren Mitteln und Aufträgen – sind ebenfalls Determinanten emissarischer Devianz, ebenso wie die obligatorische Mehrfachidentität, ohne die Emissärinnen und Emissäre den erwähnten Bezug zu einer fremden Hoheitsmacht kaum verschleiern könnten. Zuletzt musste auf ein der Kriminologie fremdes Konzept, das des parasozialen Verhältnisses, zurückgegriffen werden. Sie transzendiert die Distanzkriminalität, denn diese zeichnet sich lediglich durch Anonymität oder personale Distanz zwischen Tatbegehenden- und Opferseite aus, was u. a. einerseits die Strafverfolgung erschweren kann und andererseits die negativen psychologischen Effekte für die tatbegehende Person mindert. Ein parasoziales Verhältnis geht darüber hinaus und ist davon geprägt, dass der oder die Tatbegehende vorteilhaftes, intimes oder geheimes Wissen über die Opferseite akquiriert. Dies kann verschiedenen Motiven folgen. Beispielsweise könnte dieses Vorgehen schlicht der nachrichtendienstlichen Routinearbeit entsprechen. Es kann aber auch eine praktische Bewandtnis haben: die dauerhafte Bindung der Emissärin oder des Emissärs an den Nachrichtendienst unter Ausnutzung dieses Wissens, sollte z. B. ihre oder seine freiwillige Kooperation nicht mehr gewährleistet sein.

Abschließend beschäftigte sich die fünfte Forschungsfrage mit der Gestaltung einer geeigneten Kriminalitätstheorie, die emissarische Devianz erklärt. Da die ARA-Theorie davon ausgeht, dass mindestens drei interdependente Entitäten auf drei soziologischen Ebenen agieren, galt es die Frage zu beantworten, welche Gründe jede davon dazu bewegt. Da staatliche und staatsähnliche Hoheiten und ihre Exekutivorgane immer ähnlich funktionieren, konnte im Rahmen der Analyse diesbezüglich eine valide Festlegung getroffen werden. Die motivationalen Faktoren für die Makro- und Mesoebene fremder Mächte steuern nämlich nicht, ob sie Emissärinnen und Emissäre entsenden, sondern wofür sie diese entsenden. Komplexer gestaltet sich das auf der Mikroebene, denn die ARA-Theorie geht davon aus, dass dort zwei komplementäre Motivationslagen existieren: die ursprüngliche Motivation (z. B. Dekompression des anomischen Drucks) und die durch eine fremde Macht eröffnete Möglichkeit der Bedarfsbefriedigung hoheitlicher Zielvorstellungen. Letztere wird zur Primärmotivation und dient als Vehikel, der ursprünglich primären Motivation zu entsprechen. Ohne diese Ursprungsmotivation eröffnet sich einer fremden Macht nicht die Möglichkeit, Personen zu rekrutieren und es kommt nicht zu emissarischer Devianz. Die Analyse im achten Kapitel hat gezeigt, dass jede der überprüften Kriminalitätstheorien erst dann eine Signifikanz erlangt, wenn sie im Kontext der ARA-Bedarfslagentheorie betrachtet wurde. Eine interessengeleitete hoheitliche Macht stellt für die durch sie initiierte Devianz ein im Verhältnis großes Methodenportfolio zur Verfügung. Vor allen Dingen aus diesem Grund wurde zu Beginn dieser Arbeit zwischen ordinären und den hier besprochenen Devianzphänomenen unterschieden – wenngleich ein Mord im Verhältnis zur Preisgabe von Staatsgeheimnissen in keiner Weise geringgewichtig ist. Über die Aspekte der juristischen und substanziellen Verhältnismäßigkeit wurde sodann die Wahrscheinlichkeit der Entdeckung dieser der durch Emissärinnen und Emissären begangenen Kriminalitätsform eruiert. Es ist nicht eindeutig und pauschal zu bestimmen, dass ein hoher erwarteter Erkenntniswert einer fremden Macht sie zu einem hohen Mitteleinsatz bewegt, der dann auch von Gefahrenabwehrbehörden entdeckt werden kann. Zwischenstaatliche (inoffizielle) Konflikte im Metier der Nachrichtendienste sind davon geprägt, nicht nur die eigenen Interessen mittels geheimdienstlicher Tätigkeiten zu befördern, sondern auch die Abschirmung derselben vor anderen Mächten zu optimieren. Außerdem ist denkbar, dass fremde Mächte von einem anderen Territorium aus gegen die eigenen Interessen agieren und sich damit potenziellen Gegenmaßnahmen entziehen. Erschwerend kommt die Mehrfachidentität hinzu, die im Rahmen der Analyse als andere Form der politischen Mimikry identifiziert werden konnte. Der letzte Untersuchungsgegenstand befasste sich, unter Berücksichtigung des Beginns des achten Kapitels („Agentenring“) mit den Details von Tatbegehendenidentitäten. Dort wurde, unter Bezugnahme auf ein ausführliches Glossar im Anhang, ein Verständnis für die zahlreichen Rollen geschaffen, welches die unwissenschaftliche diskursive Beschränkung auf die Termini Agentin und Spionin bzw. Agent und Spion auflöst.

Nicht zuletzt in dieser Innovation liegt eine Stärke dieser Arbeit. Ein signifikanter Beitrag zur kriminologischen Wissenschaft liegt in der Benennung eines virulenten Phänomens: der emissarischen Devianz. Die Bezeichnung bietet eine präzise Bezeichnung für Aktivitäten im Rahmen geheimdienstlicher Tätigkeiten, wodurch ein klareres Verständnis und eine bessere Einordnung dieser Erscheinung möglich wird. Die Verwendung des Begriffs ist ein wichtiger Schritt zur weiteren Erforschung dieser Thematik. Zudem zeichnet sich die vorliegende Arbeit durch einen hohen Grad der Eigenleistung aus. Die Vielzahl eigener Darstellungen, bereits im deskriptiven Teil, sowie die tiefgehende Analyse und Interpretation der erhobenen Daten unterstreichen die selbstständige Forschungsarbeit und das Engagement, das in die Erstellung dieser akademischen Arbeit eingeflossen sind. Besonders erwähnt sei hierbei die erstmals durchgeführte, numerische Auswertung aller Verfassungsschutzberichte des BfV in Hinblick auf die Zahl der staatlichen Interventionen gegen Agententätigkeiten, sowie die Feststellung der Inkonsistenz von verwandten Behördenangaben.

Gleichzeitig war die Anfertigung der Arbeit durch manche Herausforderungen geprägt, die durch die Themensetzung und Fragestellung bedingt sind. Wegen der notwendigen und vollzogenen „Kriminologisierung“ der zugrundeliegenden Materie nahm die Beschreibung relevanter Begrifflichkeiten zunächst einen signifikanten Anteil der theoretischen Hälfte der Arbeit ein. Erschien es zwischenzeitlich so, dass der Autor zu Beginn des Forschungsunterfangens in einen explanativen Regress verfallen war, konnte der Umfang notwendiger Erklärungen nachträglich auf ein adäquates Minimum reduziert werden; Abschnitte, die keine Auswirkung auf den analytischen Teil der Arbeit hatten, wurden in andere Erläuterungen eingebettet oder gänzlich gestrichen. Obwohl obsolete Inhalte damit keinen Einzug in die finale Version der Arbeit halten konnten, wurden so erforderliche zeitliche Kapazitäten im Erstellungsprozess gebunden. Ferner ist die Literaturlage zur exakten Thematik eher unbefriedigend. So findet in Deutschland eine nur rein theoretische Auseinandersetzung mit geheimdienstlichen Tätigkeiten statt; diese Auseinandersetzung ist nie kriminologischer Natur. Für die Zwecke dieser Arbeit bestand der faktische Zwang, zahlreiche Ableitungen aus der bestehenden Literatur für die eigene Aufarbeitung des Themas zu treffen. Gleichzeitig konnten einige relevante Aspekte für eine noch tiefere Auseinandersetzung mit der bisherigen kriminologischen Forschung im Kapitel 6, vor allem aus dem Gebiet der Kriminalität der Mächtigen, aus Kapazitätsgründen nicht erfolgen bzw. waren Gegenstand entsprechender Streichungen. Die singuläre belastbare und aktuelle Quelle für konkrete definitorische Fragen rund um die Devianzerscheinungen Spionage, Sabotage und Einflussnahme stellt Warg 2023 dar. Statistische Erklärungen und Ableitungen, wie in Kapitel 4 dargestellt, existieren nur in englischsprachiger Literatur und konnten für Deutschland erstmalig in dieser Arbeit zusammengefasst werden. Die Datenbestände zur Gesamtthematik waren teilweise so gering, dass für mehrere Aspekte (wie Viktimisierungsangst und Dunkelfeld) die Bearbeitung nur in Unterkapiteln erfolgen konnte, weil deren Umfang die Widmung eines eigenen Kapitels kaum gerechtfertigt hätte. Zuletzt basiert diese Arbeit stark auf behördlichen Angaben, deren Validität im Zusammenhang mit dieser Arbeit zumindest in einem konkreten Fall in Frage gestellt werden muss (besagte Differenz der Fallzahlen von BfV und GBA), deren Qualität für die Forschung aber auch unabhängig von der konkreten Inkonsistenz nie nachvollziehbar gemacht wird. Wenn BfV-Präsident Haldenwang vor dem hohen Niveau von Spionage in Deutschland warnt, gilt seine reine Behauptung als Evidenz und muss in Arbeiten wie dieser zunächst als solche behandelt werden. Das Geheimhaltungsbedürfnis rund um das konkrete Phänomen (Nachrichtendienste, fremde Mächte, auswärtige Belange) macht eine der Wissenschaft förderliche Transparenz zudem mindestens unwahrscheinlich. All dies ist mehrheitlich eine Aufzählung vom Autor nicht verschuldeter Kritikpunkte, jedoch wirken sich diese Defizite auf die Belastbarkeit der durch ihn getroffenen Feststellungen im Rahmen der Analyse aus. Insofern gilt die hier zum Ausdruck gebrachte Selbstkritik vor allem der wissenschaftlichen „Halbwertszeit" seiner Erkenntnisse. Gleichwohl wären Themensetzung und Fragestellung auch dann nicht anders ausgefallen, wenn sich die Tiefe dieser Problematik im Vorfeld deutlicher erschlossen hätte; diese Arbeit war exakt der Konfrontation mit den beschriebenen Defiziten der aktuellen Forschung gewidmet.

Deutschland befindet sich im Jahr 2024 in einer mindestens vergleichbar herausfordernden geopolitischen Konfrontationslage, wie sie seit dem Ende des Kalten Krieges überwunden schien. Mit dem Zerfall der ehemaligen DDR im Jahr 1990 zeigte sich das enorm hohe Dunkelfeld, in dem die strategischen Gegnerinnen und Gegner unbehelligt gegen die nationalen Interessen der Bundesrepublik agitierten. Seitdem haben deutsche Bundesregierungen die Gegenspionage-Kapazitäten des BND gänzlich aufgegeben, den Auslandsnachrichtendienst für Wirtschaftsspionage unzuständig erklärt und es zugelassen, dass die Zuständigkeit für die deutsche Spionageabwehr bei gleich 18 Verfassungsschutzbehörden (BfV, BAMAD und die Verfassungsschutzämter aller Bundesländer) liegt. Wie der in Kapitel 4 erarbeitete Gefahrenzeitstrahl verdeutlicht, findet ein signifikanter Teil der Gefahrenaufklärung im Gefahrenvorfeld statt und obliegt in der Folge den Nachrichtendiensten mit ihren Vorfeldbefugnissen. Dieser Umstand wird dem Kontrollbedürfnis im Hinblick auf emissarische Devianz nur schwerlich gerecht. Eine solch fragmentarische Gestaltung der deutschen Spionageabwehr macht die Entdeckung geheimdienstlicher Tätigkeiten wohl ineffektiver, eine Übermittlung an die Polizeibehörden unwahrscheinlicher und stellt im Ergebnis eine Gefährdung der nationalen Sicherheit durch die maliziösen Interessen fremder Mächte dar. Deutschland entwickelt sich damit in einer Zeit, in der Krieg auf dem europäischen Kontinent herrscht und sich aus schwelenden Konflikten womöglich heiße Konflikte entwickeln können, zu einem Gewaltraum für potenzielle Opfer fremder Mächte; neben der ohnehin opportunen Ausgangslage in Deutschland für politische Morde, wie im Falle des sogenannten Tiergartenmordes, sinken im Rahmen einer kriegerischen Auseinandersetzung auch die politischen Hürden der Gegenseite für derartiges Handeln. Obwohl geheimdienstliche Agententätigkeiten im Allgemeinen also lediglich eine abstrakte Gefahr für die Staatssicherheit darstellen, können sie sich für individuelle Zielpersonen fremder Mächte (unerkannt) zu einer gegenwärtigen Gefahr entwickeln.

Kriminologische und kriminalpolitische Arbeiten wie diese haben den Auftrag, Missstände wie die hier beschriebenen anzumahnen und Optionen für deren Beseitigung aufzuzeigen. Die Erkenntnisse sind vielzählig. Im Bereich des vergleichenden Rechts konnten Schlüsse aus der Tatsache gezogen werden, dass das Strafrecht der militärischen Großmacht USA erhöhte Sanktionen für Spionage zulässt; das deutsche Strafrecht birgt diese Option im Grundsatz ebenfalls, allerdings nicht für diese Deliktsform. Für das hier besprochene Phänomen wurde auch nie die Reform des Staatsschutzstrafrechts erwogen, was nicht zuletzt mit der mangelnden wissenschaftlichen Auseinandersetzung und den mangelhaften Erkenntnissen zu Viktimisierungserfahrungen und -ängsten zusammenhängen könnte. Nach Großereignissen bzw. Nachrichtendienst-Skandalen haben Umfragen ergeben, dass eine Viktimisierungsangst aufgrund nachrichtendienstlicher Gefahren durchaus besteht, solange sie präsent ist. Ein verantwortlicher Staat mit einer funktionellen Sicherheitsarchitektur darf sich nicht damit zufriedengeben, dass diese Verunsicherungen temporär sind, sondern muss seine Bevölkerung auch und gerade vor solchen Gefahren schützen, die sie nicht dauerhaft als solche erkennt. Die Kriminologie hat die Aufgabe, auf diese Befindlichkeiten hinzuwiesen. Abschließend grenzt es nach objektiven akademischen Maßstäben an Verantwortungslosigkeit, dass der exponentielle Anstieg der tatverdächtigen Emissärinnen und Emissäre nach der deutschen Wiedervereinigung (ca. 6.000 Fälle in vier Jahren) nicht als Anlass genommen wurde, um eine genaue Untersuchung der Identitäten und Motivationen nach Beispiel von Jepson (1988), Wood/Wiskoff (1992) und Herbig/Wiskoff (2002) (ca. 150 Personen in einem Zeitraum von 54 Jahren) durchzuführen.

Eine fortgeführte Auseinandersetzung der Kriminologie mit der Thematik, sowie die empirische Aufarbeitung der deliktspezifischen Sachverhalte für die Bundesrepublik sind nächste logische Schritte. Die Konzeptionierung der *Adversarial Requisition and Access Theory* soll impulsgebend für die Ausschöpfung des bislang ungenutzten Potenzials für die Kriminologie und die innere Sicherheit Deutschlands sein.

Literaturverzeichnis

ARD (2015). "Überwachung durch Geheimdienste: Ausreichender Schutz durch die Bundesregierung?" [Graph], Statista, [online] https://de.statista.com/statistik/daten/studie/309111/umfrage/umfrage-zum-schutz-durch-bundesregierung-vor-spionage-und-ueberwachung-aus-dem-ausland/ [abgerufen am 06.11.2023].

Baker, C. D. (2005). Tolerance of International Espionage: A Functional Approach. In: American University Law Review, Band 19, Nr. 5, S. 1091–1113. Washington (D. C.): American University Washington College of Law. https://digitalcommons.wcl.american.edu/cgi/viewcontent.cgi?article=1176&context=auilr.

Barthe, C. & Schmidt, W. (2021). Vor §§ 93–101a. In: Cirener, G. / Radtke, H. / Rissing-van Saan, R. / Rönnau, T. / Schluckebier, W. (Hrsg.): Strafgesetzbuch. Leipziger Kommentar. Großkommentar. Auflage 13. Berlin: De Gruyter.

Batzel, M. (2018). „Diskursfähigkeit erwirbt man im Diskurs": weiter bilden spricht mit Marie Batzel und Rolf Arnold. In: weiter bilden: Debatte 2018, Ausgabe 2, S. 12–15. Bielefeld: W. Bertelsmann Verlag. http://www.die-bonn.de/id/36834.

Baumgärtner, M. / Diehl, J. / Gebauer, M. / Knobbe, M. / Lehberger, R. / Müller, A.-K. / Schmid, F. & Wiedmann-Schmidt, W. (2022). Der Verräter, SPIEGEL, [online] https://www.spiegel.de/politik/deutschland/bnd-warum-ein-mutmasslicher-spion-zugang-zu-brisanten-informationen-hatte-a-59133840-4d22-4db7-9ab2-ccc9e46b6557 [abgerufen am 19.12.2023].

van Bergh, H. (1965). ABC der Spione, Eine Geschichte der Spione in der Bundesrepublik Deutschland seit 1945. Pfaffenhofen a. d. Ilm: Ilmgau Verlag.

Bidder, B. (2010). Lizenz zum Kassieren, SPIEGEL, [online] https://www.spiegel.de/panorama/justiz/ex-spionin-anna-chapman-lizenz-zum-kassieren-a-707680.html [abgerufen am 02.02.2024].

Bitkom (2022). 203 Milliarden Euro Schaden pro Jahr durch Angriffe auf deutsche Unternehmen, [online] https://www.bitkom.org/Presse/Presseinformation/Wirtschaftsschutz-2022 [abgerufen am 19.01.2024].

Bitton, R. (2014). The Legitimacy of Spying Among Nations. In: American University International Law Review, Band 29, Ausgabe 5, S. 1008–1070. Washington (D. C.): American University Washington College of Law. https://digitalcommons.wcl.american.edu/cgi/viewcontent.cgi?article=1830&context=auilr.

D. Ay, *Fremde Macht*, BestMasters, https://doi.org/10.1007/978-3-658-46408-0

Blancke, S. (2005). Auslandsaufklärung als Risikoperzeption Konkurrenzverhältnis Bundeswehr – BND? In: Korte, G. (Hrsg.): Aspekte der nachrichtendienstlichen Sicherheitsarchitektur. Brühl: Fachhochschule des Bundes für öffentliche Verwaltung.

Borsdorff, A. (2018a). Gefahr. In: Möllers, M. H. W. (Hrsg.): Wörterbuch der Polizei, Auflage 3. München: C. H. Beck Verlag.

Borsdorff, A. (2018b). Gefahrenabwehr. In: Möllers, M. H. W. (Hrsg.): Wörterbuch der Polizei, Auflage 3. München: C. H. Beck Verlag.

Borsdorff, A. (2018c). Verhältnismäßigkeitsprinzip. In: Möllers, M. H. W. (Hrsg.): Wörterbuch der Polizei, Auflage 3. München: C. H. Beck Verlag.

Borsdorff, A. (2018d). Störung. In: Möllers, M. H. W. (Hrsg.): Wörterbuch der Polizei, Auflage 3. München: C. H. Beck Verlag.

Bossert, O. & Leuer, M. (2020). Beiträge zur Terrorismusbekämpfung, Band 1. In: Schriften zur Bundespolizei, Band 19. Brühl: Hochschule des Bundes für öffentliche Verwaltung.

Brodkorb, M. (2010). Von der Täuschung des Gegners – Autonome Nationalisten als Form politischer Mimikry, Zeit, [online] https://blog.zeit.de/stoerungsmelder/2010/07/24/von-der-tauschung-des-gegners-%E2%80%93-autonome-nationalisten-als-form-politischer-mimikry_4080 [abgerufen am 04.02.2024]

Brown, G. B. (1988). Profile of espionage penetration. Albuquerque (NM): Sandia National Laboratories.

Bundesamt für den Militärischen Abschirmdienst (BAMAD, 2023). „Aufgenommene Verdachtsfallbearbeitungen des Militärischen Abschirmdienstes nach Phänomenbereichen im Jahr 2022“ [Graph], Statista, [online] https://de.statista.com/statistik/daten/studie/1222227/umfrage/extremismusabwehr-verdachtsfallbearbeitungen-mad/ [abgerufen am 13.12.2023].

Bundesamt für Verfassungsschutz (BfV, o. D.-a). Spionageabwehr. In: Glossar, [online] https://www.verfassungsschutz.de/SharedDocs/glosaareintraege/DE/S/spionageabwehr.html [abgerufen am 16.08.2023].

Bundesamt für Verfassungsschutz (BfV, o. D.-b). Agent. In: Glossar, [online] https://www.verfassungsschutz.de/SharedDocs/glosaareintraege/DE/A/agent.html [abgerufen am 05.10.2023].

Bundesamt für Verfassungsschutz (BfV, o. D.-c). Spionage. In: Glossar, [online] https://www.verfassungsschutz.de/SharedDocs/glosaareintraege/DE/S/spionage.html [abgerufen am 18.08.2023].

Bundesamt für Verfassungsschutz (BfV, o. D.-d). Staatsterrorismus. In: Glossar, [online] https://www.verfassungsschutz.de/SharedDocs/glosaareintraege/DE/S/staatsterrorismus.html [abgerufen am 30.09.2023].

Bundesamt für Verfassungsschutz (BfV, o. D.-e). Einflussnahme. In: Glossar, [online] https://www.verfassungsschutz.de/SharedDocs/glosaareintraege/DE/E/einflussnahme.html [abgerufen am 19.12.2023].

Bundesamt für Verfassungsschutz (BfV, o. D.-f). Sabotage. In: Glossar, [online] https://www.verfassungsschutz.de/SharedDocs/glosaareintraege/DE/S/sabotage.html [abgerufen am 19.12.2023].

Bundesamt für Verfassungsschutz (BfV, o. D.-g). Vertrauensperson. In: Glossar, [online] https://www.verfassungsschutz.de/SharedDocs/glosaareintraege/DE/V/v-leute.html [abgerufen am 15.01.2024].

Bundesamt für Verfassungsschutz (BfV, o. D.-h). Informant. In: Glossar, [online] https://www.verfassungsschutz.de/SharedDocs/glosaareintraege/DE/I/informant.html [abgerufen am 14.01.2024].

Bundesamt für Verfassungsschutz (BfV, 1969). Zum Thema – Hier: Verfassungsschutz 1968. Bundesministerium des Innern (Hrsg.). Bonn: Bundesministerium des Innern. https://verfassungsschutzberichte.de/pdfs/vsbericht-1968.pdf.

Bundesamt für Verfassungsschutz (BfV, 1971). betrifft: Verfassungsschutz 1969/70. Bundesministerium des Innern (Hrsg.). Bonn: Bundesministerium des Innern. https://verfassungsschutzberichte.de/pdfs/vsbericht-1970.pdf.

Bundesamt für Verfassungsschutz (BfV, 1972). betrifft: Verfassungsschutz 1971. Bundesministerium des Innern (Hrsg.). Bonn: Bundesministerium des Innern. https://verfassungsschutzberichte.de/pdfs/vsbericht-1971.pdf.

Bundesamt für Verfassungsschutz (BfV, 1973). betrifft: Verfassungsschutz 1972. Bundesministerium des Innern (Hrsg.). Bonn: Bundesministerium des Innern. https://verfassungsschutzberichte.de/pdfs/vsbericht-1972.pdf.

Bundesamt für Verfassungsschutz (BfV, 1974). betrifft: Verfassungsschutz 1973. Bundesministerium des Innern (Hrsg.). Bonn: Bundesministerium des Innern. https://verfassungsschutzberichte.de/pdfs/vsbericht-1973.pdf.

Bundesamt für Verfassungsschutz (BfV, 1975). betrifft: Verfassungsschutz 1974. Bundesministerium des Innern (Hrsg.). Bonn: Bundesministerium des Innern. https://verfassungsschutzberichte.de/pdfs/vsbericht-1974.pdf.

Bundesamt für Verfassungsschutz (BfV, 1976). betrifft: Verfassungsschutz 1975. Bundesministerium des Innern (Hrsg.). Bonn: Bundesministerium des Innern. https://verfassungsschutzberichte.de/pdfs/vsbericht-1975.pdf.

Bundesamt für Verfassungsschutz (BfV, 1977). betrifft: Verfassungsschutz 1976. Bundesministerium des Innern (Hrsg.). Bonn: Bundesministerium des Innern. https://verfassungsschutzberichte.de/pdfs/vsbericht-1976.pdf.

Bundesamt für Verfassungsschutz (BfV, 1978). betrifft: Verfassungsschutz 1977. Bundesministerium des Innern (Hrsg.). Bonn: Bundesministerium des Innern. https://verfassungsschutzberichte.de/pdfs/vsbericht-1977.pdf.

Bundesamt für Verfassungsschutz (BfV, 1979). betrifft: Verfassungsschutz 1978. Bundesministerium des Innern (Hrsg.). Bonn: Bundesministerium des Innern. https://verfassungsschutzberichte.de/pdfs/vsbericht-1978.pdf.

Bundesamt für Verfassungsschutz (BfV, 1980). betrifft: Verfassungsschutz 1979. Bundesministerium des Innern (Hrsg.). Bonn: Bundesministerium des Innern. https://verfassungsschutzberichte.de/pdfs/vsbericht-1979.pdf.

Bundesamt für Verfassungsschutz (BfV, 1981). betrifft: Verfassungsschutz 1980. Bundesministerium des Innern (Hrsg.). Bonn: Bundesministerium des Innern. https://verfassungsschutzberichte.de/pdfs/vsbericht-1980.pdf.

Bundesamt für Verfassungsschutz (BfV, 1982). betrifft: Verfassungsschutz 1981. Bundesministerium des Innern (Hrsg.). Bonn: Bundesministerium des Innern. https://verfassungsschutzberichte.de/pdfs/vsbericht-1981.pdf

Bundesamt für Verfassungsschutz (BfV, 1983). betrifft: Verfassungsschutz 1982. Bundesministerium des Innern (Hrsg.). Bonn: Bundesministerium des Innern. https://verfassungsschutzberichte.de/pdfs/vsbericht-1982.pdf.

Bundesamt für Verfassungsschutz (BfV, 1984). Verfassungsschutzbericht 1983. Bundesministerium des Innern (Hrsg.). Bonn: Bundesministerium des Innern. https://verfassungsschutzberichte.de/pdfs/vsbericht-1983.pdf.

Bundesamt für Verfassungsschutz (BfV, 1985). Verfassungsschutzbericht 1984. Bundesministerium des Innern (Hrsg.). Bonn: Bundesministerium des Innern. https://verfassungsschutzberichte.de/pdfs/vsbericht-1984.pdf.

Bundesamt für Verfassungsschutz (BfV, 1986). Verfassungsschutzbericht 1985. Bundesministerium des Innern (Hrsg.). Bonn: Bundesministerium des Innern. https://verfassungsschutzberichte.de/pdfs/vsbericht-1985.pdf.

Bundesamt für Verfassungsschutz (BfV, 1987). Verfassungsschutzbericht 1986. Bundesministerium des Innern (Hrsg.). Bonn: Bundesministerium des Innern. https://verfassungsschutzberichte.de/pdfs/vsbericht-1986.pdf.

Bundesamt für Verfassungsschutz (BfV, 1988). Verfassungsschutzbericht 1987. Bundesministerium des Innern (Hrsg.). Bonn: Bundesministerium des Innern. https://verfassungsschutzberichte.de/pdfs/vsbericht-1987.pdf.

Bundesamt für Verfassungsschutz (BfV, 1989). Verfassungsschutzbericht 1988. Bundesministerium des Innern (Hrsg.). Bonn: Bundesministerium des Innern. https://verfassungsschutzberichte.de/pdfs/vsbericht-1988.pdf.

Bundesamt für Verfassungsschutz (BfV, 1990). Verfassungsschutzbericht 1989. Bundesministerium des Innern (Hrsg.). Bonn: Bundesministerium des Innern. https://verfassungsschutzberichte.de/pdfs/vsbericht-1989.pdf.

Bundesamt für Verfassungsschutz (BfV, 1991). Verfassungsschutzbericht 1990. Bundesministerium des Innern (Hrsg.). Bonn: Bundesministerium des Innern. https://verfassungsschutzberichte.de/pdfs/vsbericht-1990.pdf.

Bundesamt für Verfassungsschutz (BfV, 1992). Verfassungsschutzbericht 1991. Bundesministerium des Innern (Hrsg.). Bonn: Bundesministerium des Innern. https://verfassungsschutzberichte.de/pdfs/vsbericht-1991.pdf.

Bundesamt für Verfassungsschutz (BfV, 1993). Verfassungsschutzbericht 1992. Bundesministerium des Innern (Hrsg.). Bonn: Bundesministerium des Innern. https://verfassungsschutzberichte.de/pdfs/vsbericht-1992.pdf.

Bundesamt für Verfassungsschutz (BfV, 1994). Verfassungsschutzbericht 1993. Bundesministerium des Innern (Hrsg.). Bonn: Bundesministerium des Innern. https://verfassungsschutzberichte.de/pdfs/vsbericht-1993.pdf.

Bundesamt für Verfassungsschutz (BfV, 1995). Verfassungsschutzbericht 1994. Bundesministerium des Innern (Hrsg.). Bonn: Bundesministerium des Innern. https://verfassungsschutzberichte.de/pdfs/vsbericht-1994.pdf.

Bundesamt für Verfassungsschutz (BfV, 1996). Verfassungsschutzbericht 1995. Bundesministerium des Innern (Hrsg.). Bonn: Bundesministerium des Innern. https://verfassungsschutzberichte.de/pdfs/vsbericht-1995.pdf.

Bundesamt für Verfassungsschutz (BfV, 1997). Verfassungsschutzbericht 1996. Bundesministerium des Innern (Hrsg.). Bonn: Bundesministerium des Innern. https://verfassungsschutzberichte.de/pdfs/vsbericht-1996.pdf.

Bundesamt für Verfassungsschutz (BfV, 1998). Verfassungsschutzbericht 1997. Bundesministerium des Innern (Hrsg.). Bonn: Bundesministerium des Innern. https://media.fragden-staat.de/files/foi/406948/vsb97.pdf.

Bundesamt für Verfassungsschutz (BfV, 1999). Verfassungsschutzbericht 1998. Bundesministerium des Innern (Hrsg.). Berlin: Bundesministerium des Innern. https://media.fragden-staat.de/files/foi/394352/vsb98.pdf.

Bundesamt für Verfassungsschutz (BfV, 2000). Verfassungsschutzbericht 1999. Bundesministerium des Innern (Hrsg.). Berlin: Bundesministerium des Innern. https://verfassungsschutzberichte.de/pdfs/vsbericht-1999.pdf.

Bundesamt für Verfassungsschutz (BfV, 2001). Verfassungsschutzbericht 2000. Bundesministerium des Innern (Hrsg.). Berlin: Bundesministerium des Innern. https://media.fragden-staat.de/files/foi/105691/verfassungsschutzbericht_2000.pdf.

Bundesamt für Verfassungsschutz (BfV, 2002). Verfassungsschutzbericht 2001. Bundesministerium des Innern (Hrsg.). Berlin: Bundesministerium des Innern. https://verfassungsschutzberichte.de/pdfs/vsbericht-2001.pdf.

Bundesamt für Verfassungsschutz (BfV, 2003a). Lexikon Spionageabwehr und Geheimschutz. Köln: Bundesamt für Verfassungsschutz.

Bundesamt für Verfassungsschutz (BfV, 2003b). Verfassungsschutzbericht 2002. Bundesministerium des Innern (Hrsg.). Berlin: Bundesministerium des Innern. https://verfassungsschutzberichte.de/pdfs/vsbericht-2002.pdf.

Bundesamt für Verfassungsschutz (BfV, 2004). Verfassungsschutzbericht 2003. Bundesministerium des Innern (Hrsg.). Berlin: Bundesministerium des Innern. https://verfassungsschutzberichte.de/pdfs/vsbericht-2003.pdf.

Bundesamt für Verfassungsschutz (BfV, 2005). Verfassungsschutzbericht 2004. Bundesministerium des Innern (Hrsg.). Berlin: Bundesministerium des Innern. https://verfassungsschutzberichte.de/pdfs/vsbericht-2004.pdf.

Bundesamt für Verfassungsschutz (BfV, 2006). Verfassungsschutzbericht 2005. Bundesministerium des Innern (Hrsg.). Berlin: Bundesministerium des Innern. https://verfassungsschutzberichte.de/pdfs/vsbericht-2005.pdf.

Bundesamt für Verfassungsschutz (BfV, 2007). Verfassungsschutzbericht 2006. Bundesministerium des Innern (Hrsg.). Berlin: Bundesministerium des Innern. https://verfassungsschutzberichte.de/pdfs/vsbericht-2006.pdf.

Bundesamt für Verfassungsschutz (BfV, 2008a). Spionage gegen Deutschland – Aktuelle Entwicklungen. Köln: Bundesamt für Verfassungsschutz.

Bundesamt für Verfassungsschutz (BfV, 2008b). Verfassungsschutzbericht 2007. Bundesministerium des Innern (Hrsg.). Berlin: Bundesministerium des Innern. https://media.fragden-staat.de/files/foi/105691/verfassungsschutzbericht_2007_pdf.pdf.

Bundesamt für Verfassungsschutz (BfV, 2009). Verfassungsschutzbericht 2008. Bundesministerium des Innern (Hrsg.). Berlin: Bundesministerium des Innern. https://verfassungsschutzberichte.de/pdfs/vsbericht-2008.pdf.

Bundesamt für Verfassungsschutz (BfV, 2010). Verfassungsschutzbericht 2009. Bundesministerium des Innern (Hrsg.). Berlin: Bundesministerium des Innern. https://verfassungsschutzberichte.de/pdfs/vsbericht-2009.pdf.

Bundesamt für Verfassungsschutz (BfV, 2011). Verfassungsschutzbericht 2010. Bundesministerium des Innern (Hrsg.). Berlin: Bundesministerium des Innern. https://verfassungsschutzberichte.de/pdfs/vsbericht-2010.pdf.

Bundesamt für Verfassungsschutz (BfV, 2012). Verfassungsschutzbericht 2011. Bundesministerium des Innern (Hrsg.). Berlin: Bundesministerium des Innern. https://verfassungsschutzberichte.de/pdfs/vsbericht-2011.pdf.

Bundesamt für Verfassungsschutz (BfV, 2013). Verfassungsschutzbericht 2012. Bundesministerium des Innern (Hrsg.). Berlin: Bundesministerium des Innern. https://www.bmi.bund.de/SharedDocs/downloads/DE/publikationen/themen/sicherheit/vsb-2012.pdf?__blob=publicationFile&v=3.

Bundesamt für Verfassungsschutz (BfV, 2014a). Wirtschaftsspionage. Risiko für Unternehmen, Wissenschaft und Forschung. Köln: Bundesamt für Verfassungsschutz. https://www.verfassungsschutz.bayern.de/mam/spionageabwehr/co-ntent/broschuere-2014-07-wirtschaftsspionage.pdf.

Bundesamt für Verfassungsschutz (BfV, 2014b). Verfassungsschutzbericht 2013. Bundesministerium des Innern (Hrsg.). Berlin: Bundesministerium des Innern. https://www.bmi.bund.de/SharedDocs/downloads/DE/publikationen/themen/sicherheit/vsb-2013.pdf?__blob=publicationFile&v=1.

Bundesamt für Verfassungsschutz (BfV, 2015). Verfassungsschutzbericht 2014. Bundesministerium des Innern (Hrsg.). Berlin: Bundesministerium des Innern. https://verfassungsschutzberichte.de/pdfs/vsbericht-2014.pdf.

Bundesamt für Verfassungsschutz (BfV, 2016). Verfassungsschutzbericht 2015. Bundesministerium des Innern (Hrsg.). Berlin: Bundesministerium des Innern. https://www.bmi.bund.de/SharedDocs/downloads/DE/publikationen/themen/sicherheit/vsb-2015.pdf?__blob=publicationFile&v=4.

Bundesamt für Verfassungsschutz (BfV, 2017). Verfassungsschutzbericht 2016. Bundesministerium des Innern (Hrsg.). Berlin: Bundesministerium des Innern. https://www.bmi.bund.de/SharedDocs/downloads/DE/publikationen/themen/sicherheit/vsb-2016.pdf?__blob=publicationFile&v=7.

Bundesamt für Verfassungsschutz (BfV, 2018). Verfassungsschutzbericht 2017. Bundesministerium des Innern, für Bau und Heimat (Hrsg.). Berlin: Bundesministerium des Innern, für Bau und Heimat. https://www.bmi.bund.de/SharedDocs/downloads/DE/publikationen/themen/sicherheit/vsb-2017.pdf?__blob=publicationFile&v=11.

Bundesamt für Verfassungsschutz (BfV, 2019). Verfassungsschutzbericht 2018. Bundesministerium des Innern, für Bau und Heimat (Hrsg.). Berlin: Bundesministerium des Innern, für Bau und Heimat. https://www.bmi.bund.de/SharedDocs/downloads/DE/publikationen/themen/sicherheit/vsb-2018-gesamt.pdf?__blob=publicationFile&v=12.

Bundesamt für Verfassungsschutz (BfV, 2020). Verfassungsschutzbericht 2019. Bundesministerium des Innern, für Bau und Heimat (Hrsg.). Berlin: Bundesministerium des Innern, für Bau und Heimat. https://www.bmi.bund.de/SharedDocs/downloads/DE/publikationen/themen/sicherheit/vsb-2019-gesamt.pdf?__blob=publicationFile&v=5.

Bundesamt für Verfassungsschutz (BfV, 2021). Verfassungsschutzbericht 2020. Bundesministerium des Innern, für Bau und Heimat (Hrsg.). Berlin: Bundesministerium des Innern, für Bau und Heimat. https://www.bmi.bund.de/SharedDocs/downloads/DE/publikationen/themen/sicherheit/vsb-2020-gesamt.pdf?__blob=publicationFile&v=2.

Bundesamt für Verfassungsschutz (BfV, 2022). Verfassungsschutzbericht 2021 Bundesministerium des Innern und für Heimat (Hrsg.). Berlin: Bundesministerium des Innern und für Heimat. https://www.bmi.bund.de/SharedDocs/downloads/DE/publikationen/themen/sicherheit/vsb-2021-gesamt.pdf?__blob=publicationFile&v=6.

Bundesamt für Verfassungsschutz (BfV, 2023a). Verfassungsschutzbericht 2022. Bundesministerium des Innern und für Heimat (Hrsg.). Berlin: Bundesministerium des Innern und für Heimat. https://www.bmi.bund.de/SharedDocs/downloads/DE/publikationen/the

men/sicherheit/vsb2022-BMI23007.pdf;jsessionid=517F99C95D335C270DBC0C6A 8F8597EE.live862?__blob=publicationFile&v=8.

Bundesamt für Verfassungsschutz (BfV, 2023b). SPOC. Wirtschaft und Wissenschaft schützen. Wettlauf um Zukunft. Spionage in Wirtschaft und Forschung, 2023, Ausgabe 2. Köln: Bundesamt für Verfassungsschutz. https://verfassungsschutz.thueringen.de/fileadmin/Verfassungsschutz/Spionage/SPOC_MAGAZIN_II.pdf.

Bundesarchiv (o. D.). Die Präsidenten des Bundesnachrichtendienstes: eine Auswahl im Porträt, [online] https://www.bundesarchiv.de/DE/Content/Virtuelle-Ausstellungen/Die-Prasidenten-Des-Bundesnachrichtendienstes-Eine-Auswahl-Im-Portrat/die-prasidenten-des-bundesnachrichtendienstes-eine-auswahl-im-portrat.html [abgerufen am 27.09.2023].

Bundeskriminalamt (BKA, 2020). Richtlinien für den Kriminalpolizeilichen Meldedienst in Fällen Politisch motivierter Kriminalität (KPMD-PMK). Wiesbaden: Bundeskriminalamt. https://polizei.thueringen.de/fileadmin/tlka/statistik/PMK/02__RiLi_fuer_KPMD-PMK_ab_01.01.2022.pdf.

Bundeskriminalamt (BKA, 2023a). PKS 2022 Bund – Falltabellen, [online] https://www.bka.de/DE/AktuelleInformationen/StatistikenLagebilder/PolizeilicheKriminalstatistik/PKS2022/PKSTabellen/BundFalltabellen/bundfalltabellen_node.html [abgerufen am 22.11.2023].

Bundeskriminalamt (BKA, 2023b). „Monetäre Schadenssumme durch erfasste Wirtschaftskriminalität in Deutschland von 2006 bis 2022" [Graph], Statista, [online] https://de.statista.com/statistik/daten/studie/200605/umfrage/schadenssumme-durch-wirtschaftskriminalitaet-in-deutschland/ [abgerufen am 19.01.2023].

Bundeskriminalamt (BKA, 2023c). Definitionssystem Politisch motivierte Kriminalität. Bundesministerium des Innern, für Bau und Heimat & Bundesministerium der Justiz und Verbraucherschutz (Hrsg.). Wiesbaden: Bundeskriminalamt. https://www.bmi.bund.de/SharedDocs/downloads/DE/veroeffentlichungen/themen/sicherheit/definitionssystem-pmk.pdf?__blob=publicationFile&v=2.

Bundesministerium des Innern und für Heimat (BMI, 2019). Vergleichstabelle Geheimhaltungsgrade, [online] https://www.bmi.bund.de/SharedDocs/downloads/DE/veroeffentlichungen/themen/sicherheit/vergleichstabelle-geheimhaltungsgrade.html [abgerufen am 29.11.2023].

Bundesministerium des Innern und für Heimat & Bundeskriminalamt (BMI/BKA, 2023). Politisch motivierte Kriminalität im Jahr 2022 – Bundesweite Fallzahlen, [online] https://www.bka.de/SharedDocs/Kurzmeldungen/DE/Kurzmeldungen/230509_PMK_PK.html [abgerufen am 29.11.2023].

Burkett, R. (2013). Rethinking an Old Approach – An Alternative Framework for Agent Recruitment: From MICE to RASCLS. In: Center for the Study of Intelligence (Hrsg.): Studies in Intelligence, Ausgabe 57, Nr. 1. Washington (D. C.): Central Intelligence Agency. https://www.cia.gov/resources/csi/static/9ccc45dc156271d11769e5205ec49c29/Alt-Framework-Agent-Recruitment-1.pdf.

Chambliss, W. J. (1995). State-Organized Crime – The American Society of Criminology, 1988 Presidential Address. In: McCord, J. & Laub, J. H. (Hrsg.): Contemporary Masters in Criminology, The Plenum Series in Crime and Justice, S. 31–57. Boston (MA): Springer.

Charney, D. L. & Irvin, J. A. (2016). The Psychology of Espionage. In: Association of Former Intelligence Officers (Hrsg.): The Intelligencer, Journal of U. S. intelligence Studies, Ausgabe 22, Nr. 2. Falls Church (VA): Association of Former Intelligence Officers. https://www.afio.com/publications/CHARNEY_and_IRVIN_Psychology_of_Espionage_from_AFIO_INTEL_SPRING2016_Vol22_no1.pdf.

Clayton, P. A. (1994). Die Pharaonen – Herrscher und Dynastien im Alten Ägypten. Augsburg: Bechtermünz Verlag.

Clinard, M. B. & Quinney, R. (1973). Criminal Behavior Systems: A Typology. Auflage 2. New York City (NY): Holt, Rinehart & Winston.

Clinard, M. B. / Quinney, R. & Wildman, J. (1994). Criminal Behavior Systems: A Typology. Auflage 3. Oxfordshire: Routledge.

Clinton, Hillary (2014). Clinton entschuldigt sich bei Merkel für Handy-Affäre, SPIEGEL, [online] https://www.spiegel.de/politik/ausland/interview-hillary-clinton-entschuldigt-sich-bei-merkel-fuer-abhoerung-a-979560.html [abgerufen am 10.12.2023].

Collins English Dictionary (Collins, 2007). Collins English Dictionary 175 Years Of Dictionary Publishing, Auflage 9. Glasgow: Harper Collins Publishers.

Counter Intelligence Agency (CIA, o. D.-a). Asset. In: Spy Speak Glossary [online] https://www.cia.gov/resources/spy-glossary/ [abgerufen am 07.01.2024].

Counter Intelligence Agency (CIA, o. D.-b). Cafreight Consolidated Project Outline. Langley (VA): Central Intelligence Agency. https://www.cia.gov/readingroom/docs/CATOMIC%20DEVELOPMENT%20AND%20PLANS%20%20%20VOL.%201_0009.pdf.

Counter Intelligence Agency (CIA, 2010). INTelligence: Human Intelligence [online] https://web.archive.org/web/20110525163700/https://www.cia.gov/news-information/featured-story-archive/2010-featured-story-archive/intelligence-human-intelligence.html [abgerufen am 07.01.2024].

Cox, J. (2012). Canada and the Five Eyes Intelligence Community. Calgary (AB): Canadian Defence & Foreign Affairs Institute and Canadian International Council. https://rinj.press/wp-content/uploads/2018/12/Canada-and-the-Five-Eyes-Intelligence-Community.pdf.

Cressey, D. R. (1973). Other People's Money: A Study in the Social Psychology of Embezzlement. Montclair (NJ): Patterson Smith.

Danesy, F. C. (2022). An exploration of the variables that act as predictors of insider espionage: A five-factor approach (Dissertation, Criminal Justice). Pretoria (Gauteng): University Of South Africa. https://uir.unisa.ac.za/bitstream/handle/10500/29804/thesis_danesy_fc.pdf?sequence=1&isAllowed=y.

Denninger, E. (2021). Die Polizei im Verfassungsgefüge. Rechtsstaatliche und demokratische Grundlagen der Polizeiarbeit. In: Lisken, H. & Denninger, E. (Hrsg.): Handbuch des Polizeirechts, Auflage 7, S. 71–108. München: C. H. Beck Verlag.

Der Bundesbeauftragte für den Datenschutz und die Informationsfreiheit (BfDI, 2021). 29. Tätigkeitsbericht für den Datenschutz und die Informationsfreiheit 2020. Berlin: Der Bundesbeauftragte für den Datenschutz und die Informationsfreiheit. https://www.bfdi.bund.de/SharedDocs/Downloads/DE/Taetigkeitsberichte/29TB_20.pdf?__blob=publicationFile&v=8.

Der Bundesbeauftragte für den Datenschutz und die Informationsfreiheit (BfDI, 2023). 31. Tätigkeitsbericht für den Datenschutz und die Informationsfreiheit 2022. Berlin: Der Bundesbeauftragte für den Datenschutz und die Informationsfreiheit. https://www.bfdi.

bund.de/SharedDocs/Downloads/DE/Taetigkeitsberichte/31TB_22.pdf?__blob=publicationFile&v=7.

Derlien, H.-U. (2001). Personalpolitik nach Regierungswechseln. In: Derlien, H.-U. & Murswieck, A. (Hrsg.): Regieren nach Wahlen, S. 39–57. Wiesbaden: Springer Fachmedien.

Deutscher Richterbund – Bund der Richter und Staatsanwälte, Landesverband Berlin e.V. (DRB Berlin, 2003). VOTUM, 2013, Ausgabe 2. Berlin: Deutscher Richterbund – Bund der Richter und Staatsanwälte, Landesverband Berlin e.V. https://www.drb-brandenburg.de/fileadmin/Landesverband-Brandenburg/Dokumente/Votum/Votum_2_13.pdf.

Dietrich, J.-H. & Eiffler, S.-R. (2017). Handbuch des Rechts der Nachrichtendienste. Auflage 1. Stuttgart: Boorberg.

Dietrich, J. H. (2020). Der Gefahrenbegriff im Öffentlichen Recht. In: Fischer, T. & Hilgendorf, E. (Hrsg.): Gefahr, Band 5, Auflage 1, S. 81–94. Reihe: Baden-Badener Strafrechtsgespräche. Baden-Baden: Nomos.

Dörr, O. (2003). Staatliche Immunität auf dem Rückzug? In: Archiv des Völkerrechts, Juni 2003, Band 41, Nr. 2, S. 201–219. Tübingen: Mohr Siebeck. https://www.jstor.org/stable/40800050.

Droste, B. (2007). Handbuch des Verfassungsschutzrechts. Auflage 1. Stuttgart: Boorberg.

Duden (2019). Deutsches Universalwörterbuch: Das umfassende Bedeutungswörterbuch der deutschen Gegenwartssprache, Auflage 9. Berlin: Cornelsen Verlag GmbH.

Edelhertz, H. (1970). The Nature, Impact, and Prosecution of White-Collar Crime. Washington (D. C.): National Institute of Law Enforcement and Criminal Justice. https://www.ojp.gov/pdffiles1/Digitization/4415NCJRS.pdf.

Eisenberg, U. & Kölbel, R. (2017). Kriminologie. Auflage 7. Tübingen: Mohr Siebeck.

Ermann M. D. & Lundman R. J. (2002). Corporate and governmental deviance: problems of organizational behavior in contemporary society, Auflage 6. Oxford (NY): Oxford University Press.

Fabis, F. G. (2020). "Polizeilicher Gefahrenbegriff im Spannungsfeld zwischen Prävention und Repression". In: Fischer, T. & Hilgendorf, E. (Hrsg.): Gefahr, Band 5, Auflage 1, S. 81–94. Reihe: Baden-Badener Strafrechtsgespräche. Baden-Baden: Nomos.

Falk, R. A. (1962). Space-Espionage and World Order: A Consideration of the Samos-Midas Program. In: Wright, Q. / Stone, J. / Falk, R. A. & Stanger, R. J. (Hrsg.): Essays on Espionage and International Law, S. 45–82. Columbus (OH): Ohio State University Press. https://ia800909.us.archive.org/3/items/essaysonespionag00stanrich/essaysonespionag00stanrich.pdf.

Flade, F. (2022). Neue Lügen und alte Strategien, [online] https://ojihad.wordpress.com/2022/08/30/neue-lugen-und-alte-strategien/ [abgerufen am 17.10.2023].

Florack, N. (2005). Terrorismus als Ausdruck eines mangelhaften politischen Systems? Fallbeispiele und Präventionsmöglichkeiten. In: Korte, G. (Hrsg.): Aspekte der nachrichtendienstlichen Sicherheitsarchitektur. Brühl: Fachhochschule des Bundes für öffentliche Verwaltung.

Focus (2013). „Machen Sie sich Sorgen darüber, dass Geheimdienste Ihre Telefonate mithören oder Ihre E-Mails lesen?“ [Graph], Statista, [online] https://de.statista.com/statistik/daten/studie/262358/umfrage/umfrage-zur-angst-vor-spionage-durch-geheimdienste/ [abgerufen am 07.11.2023].

Frick, J. (2013). Kryptisches Palaver: Wenn Kinder in Geheimsprachen reden, t-online, [online] https://www.t-online.de/leben/familie/erziehung/id_59069656/geheimsprachen-von-kindern-welche-gibt-es-.html [abgerufen am 16.08.2023].

García-Mora, M. R. (1964). Treason, Sedition and Espionage as Political Offenses under the Law of Extradition. In: University of Pittsburgh Law Review (1964), Band 26. Pittsburgh (PA): University of Pittsburgh. https://nsl.law.hku.hk/2021/treason-sedition-and-espionage-as-political-offenses-under-the-law-of-extradition/?wppcp_file_download=yes&wppcp_file_id=5735&wppcp_post_id=5734 .

Geis, G. (1991). Trade secret theft as an analog to treason. Paper presented at Temperament Constructs Related to Betrayal of Trust Seminar. Monterey (CA): Defense Personnel Security Research and Education Center.

Geis, G. (1995). White Collar Crime: The Heavy Electrical Equipment Antitrust Cases of 1961. S.: 139–156. In: McCord, J. & Laub, J. H. (Hrsg.): Contemporary Masters in Criminology, S. 31–57. Boston (MA): Springer.

Gioe, D. V. (2018). Cyber operations and useful fools: the approach of Russian hybrid intelligence. In: Intelligence and National Security, Volume 33, Issue 7, S. 954–973. London: Taylor & Francis.

Graulich, K. (2021). Das Handeln von Polizei- und Ordnungsbehörden zur Gefahrenabwehr. In: Lisken, H. & Denninger, E. (Hrsg.): Handbuch des Polizeirechts, Auflage 7, S. 341–696. München: C. H. Beck Verlag.

Green, G. S. (1996). Occupational Crime, Auflage 2. Boston (MA): Wadsworth Publishing.

Gusy, C. (2009). Trennungsgebot. Tatsächliches oder vermeintliches Hindernis für effektive Maßnahmen zur Bekämpfung des internationalen Terrorismus? In: Möllers, M. H. W. & van Ooyen, R. C. (Hrsg.): Jahrbuch Öffentliche Sicherheit 2008/2009, S. 177–189. Frankfurt a. Main: Verlag für Polizeiwissenschaft.

Haldenwang, T. (2019, 29. Oktober). Parlamentarisches Kontrollgremium. Chefs von BND, BfV und MAD geben Kontrollgremium Auskunft [Video]. Deutscher Bundestag. https://www.bundestag.de/dokumente/textarchiv/2019/kw44-pa-parlamentarische-kontrollgremium-660350 [abgerufen am 15.12.2023].

Haldenwang, T. (2020, 29. Juni). Parlamentarisches Kontrollgremium. Gestiegene Gewaltbereitschaft in allen Bereichen des Extremismus [Video]. Deutscher Bundestag. https://www.bundestag.de/dokumente/textarchiv/2020/kw27-pa-parlamentarisches-kontrollgremium-bnd-699648 [abgerufen am 16.08.2023].

Halleck, H. W. & Davis, G. D. (1911). Military Espionage. In: The American Journal of International Law, Band 5, Nr. 3, S. 590–603. Cambridge: Cambridge University Press. https://www.jstor.org/stable/i338332.

Hartmann, T. (2017). Parasoziale Interaktion und Beziehungen. In: Rössler, P. & Brosius, H.-B. (Hrsg.): Konzepte. Ansätze der Medien- und Kommunikationswissenschaft, Band 3, Auflage 2. Baden-Baden: Nomos.

Hendry, E. (2018). Trump asked Russia to find Clinton's emails. On or around the same day, Russians targeted her accounts, PBS, [online] https://www.pbs.org/newshour/politics/trump-asked-russia-to-find-clintons-emails-on-or-around-the-same-day-russians-targeted-her-accounts [abgerufen am 16.08.2023].

Henry, S. (1991). The informal Economy: A Crime of Omission by the State. In: Barak, Gregg (Hrsg.): Crimes by the Capitalist State: An Introduction to State Criminality, S. 253–269. Albany (NY): State University of New York Press.

Herbig, K. L. & Wiskoff, M. F. (2002). Espionage Against the United States by American Citizens 1947–2001. Monterey (CA): Defense Personnel Security Research Center. https://sgp.fas.org/library/spies.pdf.

Hermann, D. (2018). Die voluntaristische Kriminalitätstheorie. In: Hermann, D. & Pöge, A. (Hrsg.): Kriminalsoziologie, Auflage 1, S. 39–58. Baden-Baden: Nomos.

Houben, M. (2003). Agentinnen aus Liebe – psychologische Betrachtung der Romeomethode. In: Litzcke, S. M. (Hrsg.): Schriftenreihe des Fachbereichs Öffentliche Sicherheit – Nachrichtendienstpsychologie 1, S. 247–295. Brühl: Fachhochschule des Bundes für öffentliche Verwaltung Fachbereich Öffentliche Sicherheit.

Jacobsen, L. (2023). Die falsche Sehnsucht nach Neutralität, Zeit Online, [online] https://www.zeit.de/politik/deutschland/2023-08/afd-thomas-haldenwang-rechtsextremismus-demokratie-verfassungsschutz/komplettansicht [abgerufen am 19.11.2023].

Janisch, W. (2023). Die Polizei und ihre verfassungswidrigen Liebesbeziehungen, Süddeutsche Zeitung, [online] https://www.sueddeutsche.de/politik/bundesverfassungsgericht-polizeigesetz-mecklenburg-vorpommern-verdeckte-ermittler-1.5743148?reduced=true [abgerufen am 28.12.2023].

Jasch, M. (2017). Fehlerkultur und Polizei. In: Frevel, B. (Hrsg.): Facetten der Polizei- und Kriminalitätsforschung, S. 99–118. Frankfurt a. Main: Verlag für Polizeiwissenschaft.

Jepson, L. P. (1988). The espionage threat. Washington (D. C.): Defense Intelligence Agency.

Kaiser, G. (1997). Kriminologie. Eine Einführung in die Grundlagen. 10. Auflage. Heidelberg: C.F. Müller Verlag.

Kastner, M. (2018). Strafverfahren. In: Möllers, M. H. W. (Hrsg.): Wörterbuch der Polizei, Auflage 3. München: C. H. Beck Verlag.

Katz, Jack (1988). Seductions of Crime: a Chilling Exploration of the Criminal Mind – from Juvenile Delinquency to Cold-Blooded Murder. New York City (NY): Basic Books.

Keßler, I. (2005). Straffälligkeit im Alter: Erscheinungsformen und Ausmaße. In: Kölner Schriften zur Kriminologie und Kriminalpolitik, Band 8. Münster: LIT Verlag.

Kirchmair, L. (2013). Die Theorie des Rechtserzeugerkreises. Eine rechtstheoretische Untersuchung des Verhältnisses von Völkerrecht zu Staatsrecht am Beispiel der österreichischen Rechtsordnung. In: Schröder, R. / Schulte, M. & Gromitsaris, A. (Hrsg.): Schriften zur Rechtstheorie (RT), Band 267. Berlin: Duncker & Humboldt.

Konrad-Adenauer-Stiftung (2023). „Entwicklung der Angst vor der Verbreitung von Desinformation in Deutschland in den Jahren 2021 bis 2023" [Graph], Statista, [online] https://de.statista.com/statistik/daten/studie/1377003/umfrage/angst-vor-verbreitung-von-desinformation-in-deutschland/ [abgerufen am 08.11.2023].

Kral, S. (2012). Die polizeilichen Vorfeldbefugnisse als Herausforderung für Dogmatik und Gesetzgebung des Polizeirechts. In: Schriften zum Öffentlichen Recht (SÖR), Band 1214. Leipzig: Duncker & Humblot.

Kramer, R. C. (1983). A Prolegomenon to the Study of Corporate Violence. In: Humanity and Society, Band 7, Ausgabe 2: S. 149–178.

Krauß, M. (2003). Psychologie Verdeckter Ermittler. In: Litzcke, S. M. (Hrsg.): Schriftenreihe des Fachbereichs Öffentliche Sicherheit – Nachrichtendienstpsychologie 1, S. 221–234. Brühl: Fachhochschule des Bundes für öffentliche Verwaltung Fachbereich Öffentliche Sicherheit.

Kreuzer, A. (1994). Kriminologische Dunkelfeldforschung. In: Neue Zeitschrift für Strafrecht (NStZ) 1994, S. 10–16. Frankfurt am Main: C.H. Beck. https://beck-online.beck.de/Bcid/Y-300-Z-NSTZ-B-1994-S-10-N-1.

Krieger, W. (2003). Geheimdienste in der Weltgeschichte. Spionage und verdeckte Aktionen von der Antike bis zur Gegenwart. München: C. H. Beck Verlag.

Küpper, G. & Börner, R. (2017). Strafrecht Besonderer Teil 1. Berlin/Heidelberg: Springer Verlag.

Landesamt für Verfassungsschutz Baden-Württemberg (LfV BW, o. D.). Abschöpfen. In: Glossar, [online] https://www.verfassungsschutz-bw.de/,Lde/Startseite/Ueber+uns/Glossar [abgerufen am 10.01.2024].

Lee, C. (1995). Kriminalität der Mächtigen: Gegenstandsbestimmung, Erscheinungsformen und ein Versuch der Erklärung Kriminalität der Mächtigen: Gegenstandsbestimmung, Erscheinungsformen und ein Versuch der Erklärung. In: Soziale Probleme, Band 6, Ausgabe 1, S. 24–61. https://nbn-resolving.org/urn:nbn:de:0168-ssoar-247420 .

Lee, C. (2005). (Latente) soziale Probleme und Massenmedien: eine Untersuchung zu Problemdefinitionen und -interpretationen latenter sozialer Probleme in den Medien am Beispiel der Berichterstattung über die Kriminalität der Mächtigen in Korea. In: Soziologische Studien (31). Herbolzheim: Centaurus-Verlag. https://nbn-resolving.org/urn:nbn:de:0168-ssoar-309297 .

Levchenko, S. (1988). On the wrong side: My life in the KGB. New York: Pergamon.

Löhr, A. & Burkatzki, E. (2008). Wirtschaftskriminalität und Ethik. In: DNWE-Schriftenreihe, Nr. 16. München: Rainer Hampp Verlag. https://www.econstor.eu/bitstream/10419/68579/1/654462356.pdf.

Matz-Lück, N. (2017). Nachrichtendienste im Recht der internationalen Beziehungen. In: Dietrich, J.-H. & Eiffler, S.-R. (Hrsg.): Handbuch des Rechts der Nachrichtendienste, Auflage 1, S. 107–142. Stuttgart: Boorberg.

Mehlkop, G. (2011). Kriminalität als rationale Wahlhandlung. Wiesbaden: VS Verlag für Sozialwissenschaften.

Meiler, O. (2023). Die Spur führt nach Russland, Süddeutsche Zeitung, [online] https://www.sueddeutsche.de/politik/paris-davidsterne-ermittlungen-1.6300305 [abgerufen am 22.11.2023].

Merton, R. K. (1968). Sozialstruktur und Anomie. In: Sack, F. & König, R. (Hrsg.): Kriminalsoziologie, S. 283–313. In: Klimke, D. & Legnaro, A. (Hrsg.): Kriminologische Grundlagentexte, S. 245–268. Wiesbaden: Springer Fachmedien.

Michels, E. (2013). Guillaume, der Spion: Eine deutsch-deutsche Karriere. Berlin: Ch. Links Verlag.

Mielke, F. (2013). Freiheitsschutz und informationelle Vorfeldbefugnisse in der modernen deutschen und amerikanischen Antiterrorgesetzgebung. Hamburg: Verlag Dr. Kovač.

Ministerium des Innern und für Kommunales des Landes Brandenburg (2023). Verfassungsschutzbericht des Landes Brandenburg 2022 – Pressefassung. Potsdam: Ministerium des Innern und für Kommunales des Landes Brandenburg. https://mik.brandenburg.de/sixcms/media.php/9/VS_Bericht_2022_Pressefassung_neu.pdf.

Ministerium für Inneres, Digitalisierung und Migration des Landes Baden-Württemberg (2017). Verfassungsschutzbericht 2016. Stuttgart: Ministerium für Inneres, Digitalisierung und Migration. https://im.baden-wuerttemberg.de/fileadmin/redaktion/m-im/intern/dateien/publikationen/20170706_Verfassungsschutzbericht_BW_2016.pdf.

Ministerium für Inneres und Sport des Landes Sachsen-Anhalt (2020). Extremistisch und gesetzeskonform? Eine Informationsbroschüre zum „Legalistischen Extremismus". Magdeburg: Ministerium für Inneres und Sport des Landes Sachsen-Anhalt. https://mi.sachsen-anhalt.de/fileadmin/Bibliothek/Politik_und_Verwaltung/MI/MI/3._Themen/Verfassungsschutz/Brosch_LegalistischerIslamismus__EndfassungSept2020_.pdf.

Möllers, M. H. W. (2018a). Spionage. In: Möllers, M. H. W. (Hrsg.): Wörterbuch der Polizei, Auflage 3. München: C. H. Beck Verlag.

Möllers, M. H. W. (2018b). Politische Beamte. In: Möllers, M. H. W. (Hrsg.): Wörterbuch der Polizei, Auflage 3. München: C. H. Beck Verlag.

Möllers, M. H. W. (2018c). Sabotage. In: Möllers, M. H. W. (Hrsg.): Wörterbuch der Polizei, Auflage 3. München: C. H. Beck Verlag.

Morell, M. (2016). I Ran the C.I.A. Now I'm Endorsing Hillary Clinton, The New York Times, [online] https://www.nytimes.com/2016/08/05/opinion/campaign-stops/i-ran-the-cia-now-im-endorsing-hillary-clinton.html [abgerufen am 16.08.2023].

Müller, U. & Nagel, L.-M. (2012). Alpenkuh 1 sendet nicht mehr, WELT, [online] https://www.welt.de/print/wams/politik/article110073295/Alpenkuh-1-sendet-nicht-mehr.html [abgerufen am 10.02.2024].

Nedelmann, B. (1985). Geheimnis — Ein interaktionistisches Paradigma. In: vorgänge – Zeitschrift für Bürgerrechte und Gesellschaftspolitik 1985, Nr. 78, Heft 6, S. 38–48. https://www.humanistische-union.de/publikationen/vorgaenge/78-vorgaenge/publikation/geheimnis-ein-interaktionistisches-paradigma/.

Neubacher, F. (2023). Kriminologie, Auflage 5. Baden-Baden: Nomos.

Neue Juristische Wochenschrift (NJW 1993, 3147). BGH: Strafbarkeit von DDR-Geheimdienstmitarbeitern, Heft 48, S. 3147–3152). München: C. H. Beck.

Neue Juristische Wochenschrift (NJW 1996, 2940). BGH: Verwertbarkeit von Angaben gegenüber Privatperson, Heft 44, S. 2940–2944. München: C. H. Beck.

Oberlandesgericht München (OLG München, 2022). Pressemitteilung vom 13.04.2022 – Strafverfahren gegen Ilnur N. wegen des Verdachts der geheimdienstlichen Agententätigkeit („Ariane"), [online], https://www.justiz.bayern.de/gerichte-und-behoerden/oberlandesgerichte/muenchen/presse/2022/21.php [abgerufen am 14.11.2023].

Oberwittler, D. (2004). Stadtstruktur, Freundeskreise und Delinquenz. In: Karstedt, S. & Oberwittler, D. (Hrsg.): Soziologie der Kriminalität, S. 135–170. Wiesbaden: VS-Verlag für Sozialwissenschaften.

Opp, K.-D. (1975). Soziologie der Wirtschaftskriminalität. München: Beck.

Osborn, A. (2024). CIA tries to recruit double agents in Russia with new video, Reuters, [online] https://www.reuters.com/world/cia-tries-recruit-double-agents-russia-with-new-video-2024-01-23/ [abgerufen am 20.01.2024].

Parker, J. P. & Wiskoff, M. F. (1991). Temperament constructs related to betrayal of trust. Monterey (CA): Defense Personnel Security Research Center. https://apps.dtic.mil/sti/tr/pdf/ADA249985.pdf.

Pawlowsky, M. (2023). „Russland wird alle Methoden nutzen", Tagesschau, [online] https://www.tagesschau.de/investigativ/kontraste/russland-spionage-verfassungsschutz-101.html [abgerufen am 18.12.2023].

Pfahl-Traughber, A. (2014). Von den „Aktivisten“ über die „Kommunikation“ bis zur „Wirkung“. Das AGIKOSUW-Schema zur Analyse terroristischer Bestrebungen. In: Pfahl-Traughber, A. (Hrsg.): Jahrbuch für Extremismus- und Terrorismusforschung 2014, Ausgabe 2, S. 167–188. Brühl: Hochschule des Bundes für öffentliche Verwaltung.

Pillar, P. R. (2014). Review: The Secret Life of Robert Ames. In: The National Interest, Nr. 131, The Promise Of American Nationalism, S. 76–85. Washington (D. C.): Center for the National Interest. https://www.jstor.org/stable/44153295.

Range, H. (2014). Nun doch Ermittlungen gegen US-Spione, Deutsche Welle, [online] https://www.dw.com/de/nun-doch-ermittlungen-wegen-ausspähung-von-merkels-handy/a-17682309 [abgerufen am 21.09.2023].

Reitz, M. (2006). Spione, die die Welt bewegten. Von den Pharaonen bis Mata Hari. Stuttgart: Theiss.

Rid, T. (2019). „Wir überschätzen Desinformation in sozialen Medien maßlos“, SPIEGEL, [online] https://www.spiegel.de/netzwelt/web/wahlmanipulation-geheimdienst-experte-haelt-desinformation-im-netz-fuer-ueberschaetzt-a-1253623.html [abgerufen am 11.02.2024].

Roewer, H. / Schäfer, S. & Uhl, M. (2003). Lexikon der Geheimdienste im 20. Jahrhundert. München: Herbig.

Rosenbach, M. & Schult, C. (2024). Baerbocks Digitaldetektive decken russische Lügenkampagne auf, SPIEGEL, [online] https://www.spiegel.de/politik/deutschland/desinformation-aus-russland-auswaertiges-amt-deckt-pro-russische-kampagne-auf-a-765bb30e-8f76-4606-b7ab-8fb9287a6948 [abgerufen am 23.01.2024].

Ross, J. I. (1995). Controlling State Crime: An Introduction. New York City (NY): Garland Publishing.

Rothe, D. L. & Friedrichs, D. O. (2006). The State of the Criminology of Crimes of the State. In: Social Justice, Vol. 33, Nr. 1 (103), Immigration Rights and National Security, S. 147–161. Social Justice/Global Options (o. O.). https://www.jstor.org/stable/29768358.

von Salzen, C. (2021). Urteil im Prozess um Tiergartenmord in Berlin: Bundesregierung weist zwei russische Diplomaten aus, Tagesspiegel, [online] https://www.tagesspiegel.de/politik/bundesregierung-weist-zwei-russische-diplomaten-aus-8016907.html [abgerufen am 16.08.2023].

Sarbin, T. R. (1991). Domestic espionage: A criminological theory. Paper presented at Temperament Constructs Related to Betrayal of Trust Seminar. Monterey (CA): Defense Personnel Security Research and Education Center.

Schaller, C. (2014). Internationale Sicherheit und Völkerrecht im Cyberspace. Für klarere Regeln und mehr Verantwortung. Berlin: Stiftung Wissenschaft und Politik. https://www.swp-berlin.org/publications/products/studien/2014_S18_slr.pdf.

Schindler, G. (2018). „Es gab kein Unrechtsbewusstsein“, Süddeutsche Zeitung, [online] https://www.sueddeutsche.de/politik/massenueberwachung-durch-bnd-es-gab-kein-unrechtsbewusstsein-1.3991872 [abgerufen am 19.11.2023].

Schmahl, S. (2014). Effektiver Rechtsschutz gegen Überwachungsmaßnahmen ausländischer Geheimdienste? In: Juristen Zeitung (JZ), Jahrgang 69, Nr. 5, S. 220–228. Tübingen: Mohr Siebeck. https://www.jstor.org/stable/24552422.

Schmid, F. (2014). Generalbundesanwalt ermittelt wegen Spähangriff auf Merkels Handy, SPIEGEL, [online] https://www.spiegel.de/politik/deutschland/merkel-handy-gen

eralbundesanwalt-ermittelt-wegen-nsa-spaehangriff-a-973262.html [abgerufen am 19.09.2023].

Schmidt, F. & Stark, H. (2013). Im Land des Gegners. In: Der Spiegel 27/2013. https://magazin.spiegel.de/EpubDelivery/spiegel/pdf/101368188.

Schneider, H. (o. D.). Wirtschaftskriminalität: Tabuthema Innentäter, Gesamtverband der Versicherer (GDV), [online] https://www.gdv.de/resource/blob/50540/5a143d772962c2ddf43432f3a47fc1f7/download-verlaufsmodell-data.pdf [abgerufen am 11.01.2024].

Schrager, L. S. & Short, J. F. (1978). Toward a Sociology of Organizational Crime. In: Social Problems, Band 25, Ausgabe 4, S. 407–419. Oxford (NY): Oxford University Press.

Schreck, C. J. (2017). Routine Activity Theory. In: Teasdale, B. & Bradley, M. (Hrsg.): Preventing Crime and Violence. Advances in Prevention Science, S. 67–72. Cham: Springer.

Scott, R. (1999). Territorially Intrusive Intelligence Collection and International Law. In: Air Force Law Review, Band 46, S. 217–226. Maxwell AFB (AL): Air Force Judge Advocate General's School.

Selzer, N. (2023). Die Gefahren der Vernetzung durch Vernetzung. Wiesbaden: Springer Fachmedien.

Simmel, G. (1908). Soziologie: Untersuchungen über die Formen der Vergesellschaftung. Leipzig: Duncker & Humblot.

Singelnstein, T. & Kunz, K.-L. (2021). Kriminologie: Eine Grundlegung. Auflage 8. Stuttgart: UTB.

Spitzer, P. (2011). Die Nachrichtendienste Deutschlands und die Geheimdienste Russlands – ein Vergleich, Berlin: LIT-Verlag.

Stanley, A. (1997). K.G.B. Agent Plays Down Atomic Role Of Rosenbergs, The New York Times, [online] https://www.nytimes.com/1997/03/16/world/kgb-agent-plays-down-atomic-role-of-rosenbergs.html [abgerufen am 25.01.2024].

Steinke, R. (2023). Verfassungsschutz. Wie der Geheimdienst Politik macht. Berlin: Berlin Verlag.

Sule, S. (2006). Spionage. Völkerrechtliche, nationalrechtliche und europarechtliche Bewertung staatlicher Spionagehandlungen unter besonderer Berücksichtigung der Wirtschaftsspionage. In: Bungenberg, M. / Giegerich, T. / Meng, W. / Ress, G. & Stein, T. (Hrsg.): Schriften des Europa-Instituts der Universität des Saarlandes – Rechtswissenschaft, Band 63, 1. Auflage. Baden-Baden: Nomos.

Sutherland, E. H. (1983). White collar crime: The uncut version. New Haven (CT): Yale University Press.

Thompson, T. (2009). Why Espionage Happens: The Motivation of Betrayal. Florence (SC): Seaboard Press.

Tittle, C. R. (1995). Control Balance. Toward a General Theory of Deviance (Crime & Society). Boulder (CO): Westview Press.

Toosi, N. & Kim, S. (2016). 'Treason'? Critics savage Trump over Russia hack comments, Politico, [online] https://www.politico.com/story/2016/07/trump-russia-clinton-emails-treason-226303 [abgerufen am 16.08.2023].

Ullrich, P. (2019). Polizei im/unter Protest erforschen – Polizeiforschung als Entdeckungsreise mit Hindernissen. In: Howe, C. & Ostermeier, L. (Hrsg.): Polizei und Gesellschaft, S. 155–189. Wiesbaden: Springer Fachmedien.

Upgrade Democracy/Bertelsmann Stiftung (2023). „Sollte die Politik mehr gegen die Verbreitung von Desinformationen im Internet unternehmen?“ [Graph], Statista, [online] https://de.statista.com/statistik/daten/studie/1421949/umfrage/umfrage-zu-massnahmen-gegen-desinformation-in-europa/ [abgerufen am 11.11.2023].

Wahrig (2011). Brockhaus WAHRIG Deutsches Wörterbuch: Mit einem Lexikon der Sprachlehre, Auflage 9. Gütersloh: Wissen Media Verlag.

Warg, G. (2017). Spionageabwehr/Geheimschutz. In: Dietrich, J.-H. & Eiffler, S. (Hrsg.): Handbuch des Rechts der Nachrichtendienste, Auflage 1, S. 657–722. Stuttgart: Boorberg.

Warg, G. (2023). Recht der Nachrichtendienste. Stuttgart: Kohlhammer.

Wehr, M. (2019). Die „drohende Gefahr“ im Polizeirecht. In: Juristische Ausbildung, 2019, Ausgabe 9, S. 940–950. Berlin: De Gruyter.

Weßlau, E. (1989). Vorfeldermittlungen. Probleme der Legalisierung „vorbeugender Verbrechensbekämpfung“ aus strafprozeßrechtlicher Sicht. In: Strafrechtliche Abhandlungen (SRA), Band 65. Berlin: Duncker & Humblodt.

Wetzling, T. (2014). Das Geheimnis der Geheimdienstkontrolle. In: Blätter für deutsche und internationale Politik, 2014, Ausgabe 2, S. 57–63. Berlin: Blätter Verlagsgesellschaft mbH, Berlin.

Wienbracke, M. (2013). Der Verhältnismäßigkeitsgrundsatz. In: Zeitschrift für das Juristische Studium (ZJS), 2013, Ausgabe 2, S. 148–155 (o. O.). https://www.zjs-online.com/dat/artikel/2013_2_681.pdf.

Wiesen, M. (2003). Aspekte eines nachrichtendienstlichen Gesprächs. In: Litzcke, S. M. (Hrsg.): Schriftenreihe des Fachbereichs Öffentliche Sicherheit – Nachrichtendienstpsychologie 1, S. 105–136. Brühl: Fachhochschule des Bundes für öffentliche Verwaltung Fachbereich Öffentliche Sicherheit.

Wilder, U. M. (2017). The Psychology of Espionage. In: Center for the Study of Intelligence (Hrsg.): Studies in Intelligence Band 61, Nr. 2. Washington (D. C.): Central Intelligence Agency. https://www.cia.gov/static/30b273c621d0896f13104ff48840b68f/psychology-of-espionage.pdf.

Wöhler-Khalfallah, K. K. (2018). Staatsterrorismus. In: Möllers, M. H. W. (Hrsg.): Wörterbuch der Polizei, Auflage 3. München: C. H. Beck Verlag.

Wood, S. & Wiskoff, M. F. (1992). Americans Who Spied Against Their Country Since World War II. Monterey (CA): Defense Personnel Security Research Center. http://all.net/books/iw/www.dss.mil/www.dss.mil/training/tr92005.pdf.

Wright, Q. (1962). Espionage and the Doctrine of Non-Intervention in Internal Affairs. In: Wright, Q. / Stone, J. / Falk, R. A. / Stanger, R. J. (Hrsg.): Essays on Espionage and International Law, S. 3–28. Columbus: Ohio State University Press.

Zabel, B. (2018). Das Paradox der Prävention. In: Puschke, J. & Singelnstein, T. (Hrsg.): Der Staat und die Sicherheitsgesellschaft. In: Voigt, R. & Salzborn, S. (Hrsg.): Staat – Souveränität – Nation. Beiträge zur aktuellen Staatsdiskussion, S. 55 – 78. Wiesbaden: Springer VS.

ZDF (2022). „Sind Sie der Meinung, dass die Gefahr russischer Sabotage-Akte in Deutschland groß ist?" [Graph], Statista, [online] https://de.statista.com/statistik/daten/studie/1340926/umfrage/gefahr-russischer-sabotage-in-deutschland/ [abgerufen am 07.11.2023].

Zeitschrift für Datenschutz (ZD, 2023). BVerfG: Polizeiliche Eingriffsbefugnisse nach dem SOG MV, Heft 6, S. 346–351. München: C. H. Beck.

Zorri, D. M. / Sadri, H. A. & Ellis, D. C. (2020). Iranian Proxy Groups in Iraq, Syria, and Yemen: A Principal-Agent Comparative Analysis. In: JSOU Report 20–5. Tampa (FL): Joint Special Operations University Press. https://apps.dtic.mil/sti/pdfs/AD1146327.pdf.

Printed in the USA
CPSIA information can be obtained
at www.ICGtesting.com
LVHW010101271024
794816LV00004B/652

9 783658 464073